골라 쓰는 재미가 있는
저학년 일기 사전

골라 쓰는 재미가 있는 저학년 일기 사전

초판 1쇄 발행 2023년 3월 20일
초판 2쇄 발행 2024년 6월 25일

글　박은정
그림　시은경

펴낸곳 도서출판 개암나무(주)
펴낸이 김보경
경영관리 총괄 김수현　**경영관리** 배정은 조영재
편집 조원선 김소희 오은정　**디자인** 이은주　**마케팅** 이기성
출판등록 2006년 6월 16일　제22-2944호

주소　서울특별시 용산구 한남대로40길 19, 4층(한남동, JD빌딩) (우)04417
전화　(02)6254-0601, 6207-0603　**팩스** (02)6254-0602　**E-mail** gaeam@gaeamnamu.co.kr
개암나무 블로그 http://blog.naver.com/gaeamnamu　**개암나무 카페** http://cafe.naver.com/gaeam

ⓒ 박은정, 시은경, 2023
이 책의 저작권은 저자에게 있습니다.
저자와 출판사의 허락 없이 내용의 일부를 인용하거나 발췌하는 것을 금합니다.

ISBN 978-89-6830-752-2 73700

품명 아동 도서 | **제조년월** 2024년 6월 25일 | **사용연령** 7세 이상
제조자명 개암나무(주) | **제조국명** 대한민국 | **전화번호** 02-6254-0601
주소 서울특별시 용산구 한남대로40길 19, 4층(한남동, JD빌딩)

골라 쓰는 재미가 있는
저학년 일기 사전

박은정 글 시은경 그림

개암나무

차 례

1월의 일기

생활 **제목 없음** 일기에 꼭 들어가야 할 요소를 알아보자!	12
생활 **쉬는 날** 일기는 그날의 특별한 일을 기록하는 거야!	14
특별 **누나와 싸움** 일기에 마음을 드러내 보자!	16
생활 **아빠의 생신** 존댓말을 제대로 써 보자!	18
생활 **팽이치기는 뭘까?** 민수만의 표현으로 날씨를 써 봐!	20
생활 **눈싸움** 주위 사람들을 관찰해 보자!	22
생활 **고양이 동생 만들기 대작전** 일기는 생각을 정리할 수 있도록 도와줘!	24
학습 **공룡 스티커** 관찰한 모든 것을 적으면 관찰 일기를 쓸 수 있어!	26
그림 **내 얼굴** 그림일기의 장점을 알아보자!	28
[나만의 꿀팁] 일기, 왜 써야 할까?	30

2월의 일기

명절 **설날** 특별한 날에 대한 일기를 써 봐!	34
특별 **칭찬받았어요!** 다른 사람을 칭찬하는 일기를 써 보자!	36
절기 **봄이 오는 날** 나만의 표현을 만들어 보자!	38
여행 **눈썰매와 눈꽃 축제** 비교문을 써 보자!	40
생활 **고양이 동생 깐돌이** 부사를 사용해 보자!	44
특별 **대청소하는 날** 편지 일기를 써 보자!	46
명절 **정월 대보름** 일기는 솔직히 쓰는 게 최고란다!	48
생활 **유치원 졸업식** 여러 감정이 느껴지면 모두 적어 봐!	50
감상 **마술 용사 아라맨** 감상 일기를 써 보자!	52
감상 **또롱이와 푸롱이** 감상 일기에는 무엇이 들어가야 할까?	54
[나만의 꿀팁] 일기에 꼭 써야 하는 것들	56

3월의 일기

- 국경일 **삼일절과 새 옷** 두 가지를 주제를 쓸 때는 어떻게 해야 할까? … 60
- 생활 **나는 초등학생!** 감정을 나타내는 단어를 쓰지 않고도 표현할 수 있어! … 62
- 특별 **승필이와 태우** 친구 소개 일기를 써 보자! … 64
- 특별 **주먹밥 만들기** 관용구를 사용해 보렴! … 66
- 특별 **상어 가족** 노랫말도 일기가 될 수 있어! … 68
- 학습 **깐돌이 관찰 일기** 좋아하는 대상을 관찰하면 일기가 더 풍부해져! … 70
- 생활 **일기 쓸 게 없다** 일기의 종류는 다양하단다! … 72
- 학습 **세계 물의 날** 학습 일기를 써 보자! … 74
- 생활 **누나의 친구** '진짜'를 대신할 말은 얼마든지 있어! … 76
- 특별 **나에게 초능력이 생긴다면?** 상상은 즐거워! … 78
- 생활 **반장, 부반장을 뽑은 날** 시간순으로 글을 써 보자! … 80
- [나만의 꿀팁] 일기의 종류 … 82

4월의 일기

- 생활 **내가 좋아하는 것** 좋아하는 것에 대해 써 보자! … 86
- 기념일 **씨앗을 심다** 그림을 그려 보자! … 88
- 특별 **누나** 비유 표현을 써 보자! … 90
- 특별 **소영이의 쪽지** 일기는 또 다른 스크랩북! … 92
- 생활 **태권도 학원** 흐름을 생각하며 글을 써 보자! … 94
- 특별 **만약 내가 고양이가 된다면?** 다른 사람의 입장을 생각하며 글을 써 보자! … 96
- 생활 **외할머니 생신** 맛을 다양하게 표현해 보자! … 98
- 생활 **벚꽃놀이** 계절을 색으로 표현해 보자! … 100
- 여행 **소풍 가는 날** 비교 표현을 활용해 보자! … 102
- 생활 **승필이네 집** 제목에 좀 더 신경 쓰자! … 104
- [나만의 꿀팁] 일기의 글감 구하는 법 … 106

5월의 일기

- 학습 **강낭콩과 쑥갓** 관찰 일기의 장점은? — 110
- 생활 **층간 소음** '반성'과 '다짐', 훌륭해! — 112
- 기념일 **어린이날** 의성어, 의태어를 쓰면 글이 생생해져! — 116
- 특별 **어버이날** 편지도 멋진 일기야! — 118
- 생활 **아빠도 나도 만화책이 좋아!** 일기는 구체적일수록 좋아! — 120
- 기념일 **부처님 오신 날** 직접 답을 찾아보자! — 122
- 그림 **만화 그리기** 새로운 형식의 일기, 칭찬해! — 124
- 특별 **내 친구 오경철** '비교'도 좋은 일기감이야! — 126
- 학습 **더하기와 빼기** 일기에 틀린 문제를 적어 보자! — 128
- 감상 **플랜더스의 개** 독후감도 일기가 될 수 있어! — 130
- [나만의 꿀팁] 다양한 표현으로 일기 쓰기 — 132

6월의 일기

- 학습 **태극기** 배운 걸 적어도 일기가 돼! — 138
- 기념일 **현충일** 무엇을 어떻게 했는지 전부 적는 게 좋아! — 140
- 생활 **팥빙수** 묘사하면 글이 실감 날 거야! — 142
- 생활 **당근이랑 파가 싫어!** 좋아하는 것과 싫어하는 것을 비교해 보자! — 144
- 생활 **무릎을 다친 날** 감정과 느낌도 적어 보렴! — 146
- 생활 **상을 받은 날** 기분을 다양하게 표현해 봐! — 148
- 특별 **하늘을 날면** 동시도 일기! — 150
- 생활 **풍선** 친구와 있었던 일을 솔직히 적어도 괜찮아! — 152
- 특별 **엄청난 비** 날씨도 일기 소재! — 154
- 학습 **가는 말이 고와야 오는 말이 곱다** 일상을 속담과 연결지어 봐! — 156
- 생활 **일기 검사** 일기에 대한 일기를 써 보자! — 158
- [나만의 꿀팁] 자주 틀리는 맞춤법 — 160

7월의 일기

학습 **풍선 묶기** 새로 알게 된 걸 써 보렴! 166
생활 **나도 그림을 잘 그리고 싶은데…….** 솔직한 마음을 드러내 보렴! 168
생활 **빗물 놀이** 자유롭게 상상해 봐! 170
특별 **내가 진짜 하고 싶은 놀이는……** 다른 무언가가 되는 상상을 해 봐! 172
국경일 **제헌절** 읽는 사람이 공감할 수 있는 글이 좋은 글이야! 174
특별 **짜증 나는 날** 기분을 들여다보고 일기에 풀어 봐! 176
생활 **스마트폰** 주장과 근거를 적절히 써 보자! 178
생활 **여름 방학** 일기에 하루를 계획해 보렴! 180
여행 **우주박물관 체험 학습** 나들이 일기에 나와야 할 내용은? 182
여행 **주말농장** 추측성 표현을 수정해 보자! 184
[나만의 꿀팁] 일기 쓰는 데 도움이 되는 습관 186

8월의 일기

생활 **아이스크림** 따옴표는 어떤 문장 부호일까? 192
생활 **수영장에 간 날** 흐름을 생각하며 글을 쓰자! 194
특별 **내가 유튜브 영상을 만든다면?** 고민을 글로 정리해 보자! 196
여행 **시골에 놀러간 날** 여행 일기는 어떻게 써야 할까? 198
특별 **일기 쓰는 게 좋아** 권유 일기는 어떻게 써야 할까? 202
국경일 **광복절** 일기 하나에는 한 가지 주제로! 204
생활 **개학** 반성과 다짐을 적어 보자! 206
학습 **지렁이** 알게 된 내용을 좀 더 자세히 써 볼까? 208
생활 **내 생일** 솔직한 일기는 언제나 생생해! 210
특별 **승필이네 동생** 새로운 가족의 모습을 상상해 보자! 212
[나만의 꿀팁] 글 잘 쓰는 법 214

9월의 일기

- 생활 **바지가 찢어진 날** 독특한 일은 꼭 일기에 남기자! … 220
- 생활 **엄마와 파마** '관찰'하고 '기억'하는 습관! … 222
- 생활 **양념치킨** 대화문은 일기에 생동감을 불어 넣어! … 224
- 명절 **추석** 한 가지 주제에 집중해 보자! … 226
- 학습 **똘똘한 내 얼굴** 나 자신도 훌륭한 글감이야! … 228
- 생활 **선생님의 심부름** 새로운 표현을 생각해 보자! … 230
- 생활 **발표 수업** 제목은 내용에 맞게! … 232
- 특별 **취미 일기** 일기에 충분한 감정을 담아 보렴! … 234
- 생활 **인공 지능 스피커** 다양한 생각을 적으면 일기가 풍성해져! … 236
- 생활 **가장 듣기 싫은 말** 솔직한 일기는 상황을 바꾸는 힘이 있어! … 238
- [나만의 꿀팁] 제목 짓는 법 … 240

10월의 일기

- 학습 **국군의 날** 배운 내용을 자신만의 글로 적어 보렴! … 246
- 생활 **개천절에 혼났다** 문체를 통일해서 쓰렴! … 248
- 여행 **그린 캠핑장** 오감을 잘 표현해 봐! … 250
- 국경일 **한글날** 일기를 쓰면 국어 실력이 향상될 거야! … 252
- 특별 **내가 만약 쌍둥이라면?** 두 주제를 자연스럽게 연결해 보렴! … 254
- 생활 **용돈이 많으면 사고 싶은 것들** 일기에 계획을 적어 보렴! … 256
- 여행 **소풍 간 날** 주제가 많으면 산만한 글이 된단다! … 258
- 특별 **1년 내내 가을이라면?** 계절도 훌륭한 글감이야! … 260
- 생활 **운동회** 퇴고는 일기를 더욱 완벽하게 해줘! … 262
- 특별 **나 혼자 학교에 간다면?** 기분을 실감나게 표현하는 단어로 글을 써 보자! … 264
- 특별 **독도는 우리 땅** 새로운 노랫말을 붙여 보자! … 266
- [나만의 꿀팁] 날씨를 표현하는 다양한 방법 … 270

11월의 일기

- 생활 **밖에서 그리기** 읽는 사람의 공감을 불러일으키는 글은? … 274
- 특별 **깐돌이가 말을 할 수 있다면?** 새로 알게 된 단어를 적절하게 응용해 보렴! … 276
- 생활 **받아쓰기한 날** '시험'은 참 좋은 소재야! … 278
- 생활 **벌 받은 날** 문장을 정확하게 써 보자! … 280
- 생활 **화장실** 일기에 자주 쓸 필요 없는 단어는? … 284
- 생활 **우유 당번이 된 날** 문장의 흐름을 생각해 보렴! … 286
- 생활 **배드민턴** 자기만의 표현으로 느낌을 드러내 보자! … 288
- 생활 **우리 반 장난꾸러기** 친구에 대한 일기를 써 보자! … 290
- 특별 **삼행시 일기** 새로운 일기는 언제나 환영! … 292
- 생활 **승필이의 생일 선물** 고민을 일기에 써 봐! … 294
- 특별 **편지 일기** 편지 형식을 다시 점검해 보자! … 296
- [나만의 꿀팁] 일기에 덧붙이면 좋은 재료들 … 298

12월의 일기

- 생활 **이모랑 이모부** 제목에 맞는 내용을 써 보자! … 304
- 생활 **깐돌이가 잘못했다** 문장을 적절한 길이로 써 보자! … 306
- 생활 **결혼기념일** 나만의 기념일을 만들어 보자! … 308
- 특별 **하루가 48시간이라면?** 나만의 주제는 글을 재미있게 만들어! … 310
- 절기 **팥죽을 먹은 날** 단맛을 나타내는 표현은? … 312
- 특별 **크리스마스 전날** 동화 일기도 쓸 수 있어! … 314
- 생활 **용용 마법사 가방** 기분을 구체적으로 표현해 보자! … 316
- 생활 **안 쓰는 물건을 판 날** 첫 경험에 대한 감정을 드러내 보렴! … 318
- 특별 **오늘 저녁밥** 그날의 식사도 일기의 소재야! … 320
- 특별 **올해의 시상식** 이 일기장은 노민수가 주인공인 멋진 책이야! … 322
- [나만의 꿀팁] 좀 더 재미있게 일기 쓰는 법 … 324

- 색다른 날씨 표현 … 328
- 작가의 말 … 332

1월의 일기

생활

월 일
요일
날씨:

제목:

새해 첫날이다. 엄마가 일기장을 사 주셨다.

엄마는 일 년 동안 일기를 잘 써 보라고 하셨다.

그러면 내가 꼭 갖고 싶은 선물 하나를 상으로 사 준다고

하셨다.

와! 매일매일 일기를 써야지.

어서 1년이 지나가면 좋겠다.

일기에 꼭 들어가야 할 요소를 알아보자!

민수야, 드디어 처음으로 일기를 썼구나! 정말 축하해.

일기는 말이야, 하루 중 기억에 남는 일을 적는 거야. 나중에 일기를 보면 내가 어떤 하루를 보냈는지 확인할 수 있도록 말이야. 그러기 위해서는 일기에는 꼭 들어가야 할 게 있어. 바로 **날짜, 요일, 제목, 날씨**야.

날짜를 안 적으면 나중에는 언제 쓴 일기인지 알 수 없겠지? 날짜 없는 일기는 그냥 메모와 다를 게 없어. 그래서 날짜와 요일을 꼭 써 줘야 해.

그다음엔 제목이 필요해. 제목이 있으면 일기가 무슨 내용인지 단번에 알 수 있어.

날씨도 꼭 적는 게 좋아. 그날을 생생하게 담으려면 말이야. '맑음', '흐림', '비' 정도로 써 볼까?

내일 일기에는 날짜, 요일, 제목, 날씨를 꼭 넣어 줘. 그러면 어떤 날이었는지 한눈에 알 수 있으니까.

1월 / 생활

1월 2일
일요일
날씨: 맑음

제목: 쉬는 날

아침에 일어나서 만화 영화를 봤다.

점심에는 어제 먹고 남은 떡국과 볶음밥을 먹었다.

밥을 먹는데 누나가 흘리지 말라고 했다.

텔레비전을 보다 말다 했다.

엄마 스마트폰으로 게임을 했다.

아빠는 회사에 일이 있다며 나가셨다.

일기는 그날의 특별한 일을 기록하는 거야!

날짜, 요일, 제목, 날씨를 다 썼구나. 덕분에 일기다운 일기가 되었네! 그런데 오늘 민수는 일기장을 펴 놓고 기억나는 것들을 죄다˚ 쓴 것 같아.

일기는 하루에 일어난 일을 다 적는 게 아니야. **가장 기억에 남는 일, 특별했던 일을 적는 거야.**

지금은 '만화 영화를 봤다', '무엇을 먹었다', '게임을 했다' 등등 너무 많은 내용이 들어가 있어. 그래서 오늘 하루에 있었던 일 중에서 무엇이 민수의 마음에 가장 와닿았는지 알 수가 없네.

다음에는 하루 동안 있었던 일 중 **가장 마음에 남은 일을 구체적으로, 자세히 적어 봐.** 그러면 그날만의 느낌, 특별함이 잘 살아날 거야!

죄다 남김없이 모조리.

1월 특별 감정

1월 4일
화 요일
날씨: 비

제목: 누나와 싸움

오늘 누나의 친구들이 우리 집에 놀러 왔다.

그래서 나도 같이 놀자고 했다. 그런데 누나는 싫다고 했다.

자꾸만 "네 방으로 가."라고 했다.

내가 심심하다고 여러 번 말했는데 막 화를 냈다. 누나의

친구들이 괜찮다고 했는데도 그랬다.

나는 누나랑 싸웠다. 그때 엄마가 들어와서 나한테 내 방

으로 가라고 하셨다.

나는 방에 들어와서 게임을 했다.

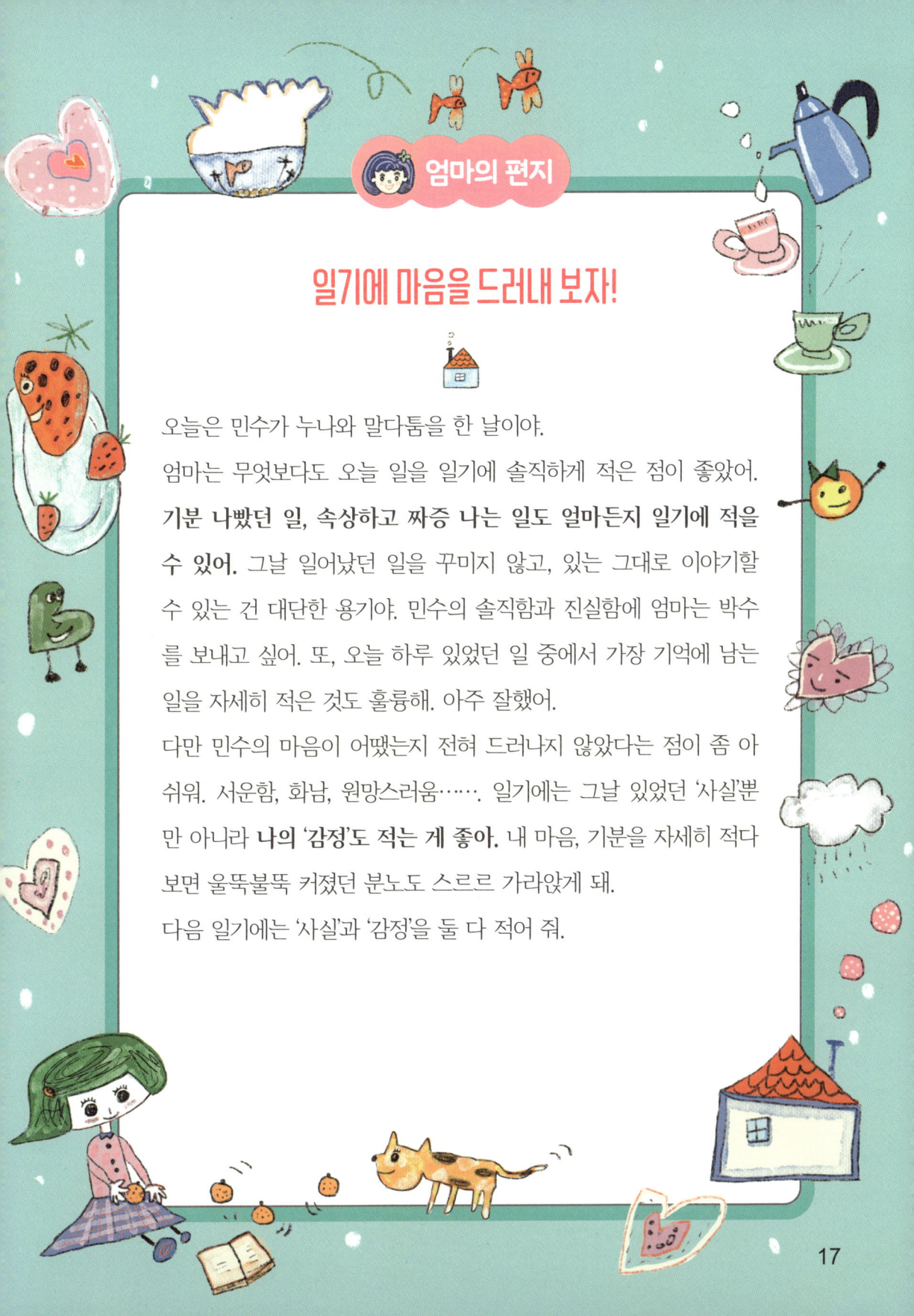

엄마의 편지

일기에 마음을 드러내 보자!

오늘은 민수가 누나와 말다툼을 한 날이야.

엄마는 무엇보다도 오늘 일을 일기에 솔직하게 적은 점이 좋았어. **기분 나빴던 일, 속상하고 짜증 나는 일도 얼마든지 일기에 적을 수 있어.** 그날 일어났던 일을 꾸미지 않고, 있는 그대로 이야기할 수 있는 건 대단한 용기야. 민수의 솔직함과 진실함에 엄마는 박수를 보내고 싶어. 또, 오늘 하루 있었던 일 중에서 가장 기억에 남는 일을 자세히 적은 것도 훌륭해. 아주 잘했어.

다만 민수의 마음이 어땠는지 전혀 드러나지 않았다는 점이 좀 아쉬워. 서운함, 화남, 원망스러움……. 일기에는 그날 있었던 '사실'뿐만 아니라 **나의 '감정'도 적는 게 좋아.** 내 마음, 기분을 자세히 적다 보면 울뚝불뚝 커졌던 분노도 스르르 가라앉게 돼.

다음 일기에는 '사실'과 '감정'을 둘 다 적어 줘.

생활

1월 6일
목요일
날씨: 맑다가 흐림

제목: 아빠의 생신

아침에 엄마가 미역국을 끓여 주셨다. 새하얀 케이크도 있었다. 초를 많이 꽂았다.

나는 아빠에게 힘들 때 쓰시라고 '어깨 주무르기' 쿠폰을 드렸다. 저금통도 드렸다. 사실 그건 어제 엄마가 아빠 주라고 사 준 거였다. 누나도 엄마가 사 준 손수건을 드렸다.

아빠는 좋아했다. 그런데 왜 아빠에게 저금통이 필요하지? 아빠도 동전을 모아서 부자가 되려는 걸까?

나중에 물어봐야겠다.

저금통을 받고 아빠가 웃는 모습을 보니까 나도 기분이 좋았다. 맛있는 걸 실컷 먹었다. 다음에는 꼭 내 용돈을 모아서 선물을 사 드리고 싶다.

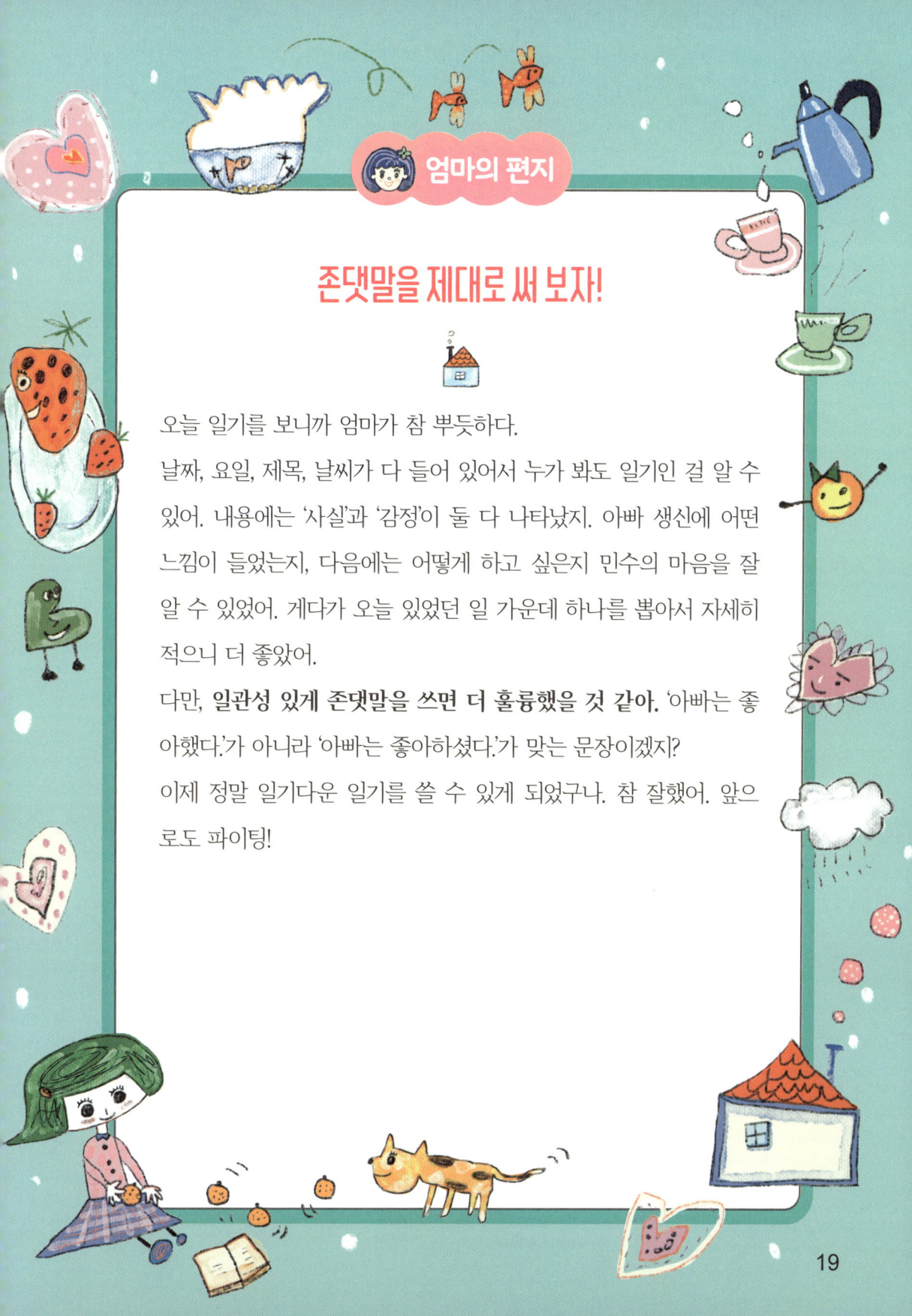

엄마의 편지

존댓말을 제대로 써 보자!

오늘 일기를 보니까 엄마가 참 뿌듯하다.
날짜, 요일, 제목, 날씨가 다 들어 있어서 누가 봐도 일기인 걸 알 수 있어. 내용에는 '사실'과 '감정'이 둘 다 나타났지. 아빠 생신에 어떤 느낌이 들었는지, 다음에는 어떻게 하고 싶은지 민수의 마음을 잘 알 수 있었어. 게다가 오늘 있었던 일 가운데 하나를 뽑아서 자세히 적으니 더 좋았어.

다만, **일관성 있게 존댓말을 쓰면 더 훌륭했을 것 같아.** '아빠는 좋아했다.'가 아니라 '아빠는 좋아하셨다.'가 맞는 문장이겠지?

이제 정말 일기다운 일기를 쓸 수 있게 되었구나. 참 잘했어. 앞으로도 파이팅!

생활

1월 8일
토요일

날씨: 하늘은 맑은데 추움

제목: 팽이치기는 뭘까?

점심밥 먹고 유튜브를 보면서 겨울에 할 수 있는 놀이를 찾아봤다. '팽이치기'가 나와서 한참 동안 영상을 보았다. 나무토막을 밤송이 모양으로 깎고, 뾰족한 부분을 아래로 해서 돌리는 놀이였다. 계속 돌리기 위해 끈으로 때려 줘야 한다. 얼어붙은 강이나 빙판 위에서 치면 더 잘 돌아간다고 했다.

나는 아빠에게 달려갔다.

"아빠, 팽이치기하고 싶어요. 팽이 좀 사 주세요."

아빠는 한동안 인터넷을 뒤져 보시더니 나무 팽이는 사기가 힘들겠다고 하셨다. 대신 손으로 돌리는 조그만 팽이를 사 준다고 하셨다.

"좋아요, 그거라도 가질게요!"

아빠가 주문해 주신 팽이, 언제쯤 집에 올까?

벌써부터 기대된다.

엄마의 편지

민수만의 표현으로 날씨를 써 봐!

오늘 유달리 추웠지? 엄마가 어렸을 때는 이런 날 팽이를 돌리는 아이들이 꽤 있었는데, 요즘은 사기도 힘들어진 것 같아.

오늘 일기에는 날씨가 어땠는지 잘 드러나서 좋아. **날씨를 꼭 '맑음', '흐림', '추움'으로 단순하게 표현할 필요는 없거든.** '하늘은 맑은데 추움'은 정말 훌륭한 표현이야. '햇빛은 밝았지만 손이 시리고 입김이 새하얗게 보일 정도로 추운' 느낌이 들어. 더 섬세하고 정확한 문장이야.

민수가 내일 날씨는 또 어떻게 적을까? 기대할게.

1월

생활

1월 10일
월 요일

날씨: 눈이 펑펑 내렸음

제목: 눈싸움

아침에 일어났더니 무서울 만큼 눈이 많이 내리고 있었다. 창밖에서 슉슉슉 쏟아지는 것 같았다.

점심에 떡국을 먹고 났더니 눈이 그쳐 있었다. 누나랑 밖으로 나갔다. 다른 애들도 장화를 신고 코트를 입고 나와 있었다.

누나와 눈사람을 만들었다. 손이 시려서 힘들었다. 그래도 강아지만큼 큰 눈사람을 만들었고 나뭇가지로 손도 붙여 주었다.

지원이가 나한테 눈을 던졌다. 그래서 다 같이 눈싸움을 했다. 눈을 뭉쳐서 던져야 하는데 급하니까 그냥 두 손으로 막 퍼서 던졌다. 누나는 처음에는 안 한다더니 나중에는 제일 열심히 했다. 눈에 맞아도 아프지 않았다. 너무 재미있었다.

눈 오는 날은 눈싸움을 해서 좋고 눈사람을 만들어서 좋다. 좋은 점투성이다. 눈을 칭찬합니다.

엄마의 편지

주위 사람들을 관찰해 보자!

눈사람도 만들고 눈싸움도 했구나. 엄마는 집에 있어서 민수가 얼마나 재미있게 놀았을까? 좀 궁금했거든. 그런데 이렇게 일기에 써 주었네. 무엇을 하고 놀았는지, 얼마나 즐거웠는지 눈앞에 그려져.

특히 지원이와 누나가 한 일을 정확하게 적어 준 점이 훌륭해. 다른 사람이 어떤 말을 하는지, 어떤 행동을 하는지 잘 관찰했구나. 만일 그러지 않았으면 일기에 적을 수가 없었을 거야. 내 행동, 내가 느낀 감정만 일기에 적었겠지.

민수가 관찰을 잘한 덕분에 내 주위 사람들이 글 속에 녹아들어 살아 숨 쉬는 훌륭한 일기가 되었어!

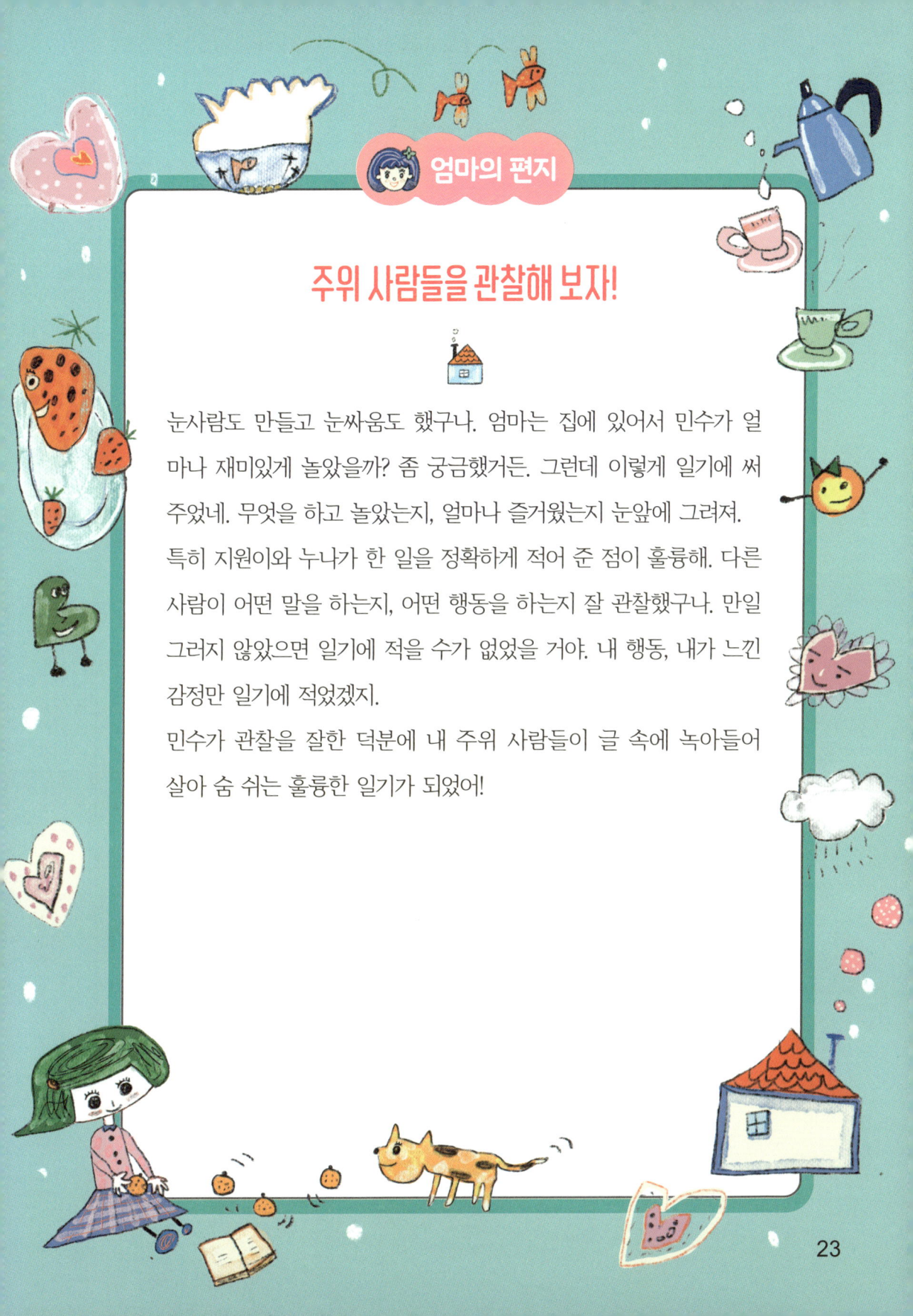

생활

1월 14일 금요일
날씨: 귀가 "아야!" 할 만큼 찬바람이 마구 분 날

제목: 고양이 동생 만들기 대작전

지난주에 이모네 집에 가서 새끼 고양이를 보고 왔다. 우리 집에 데려가자고 말했지만 엄마는 안 된다고 하셨다. 너무 슬펐다. 고양이를 키우려면 어떻게 해야 할까? 작전을 세워야겠다.

1. 스마트폰으로 찍은 고양이 사진을 엄마에게 매일 보자고 한다. 그래서 고양이가 얼마나 귀엽고 예쁜지 매일 확인시켜 드린다.

2. 받고 싶은 생일 선물이 뭐냐고 물으면 '고양이 동생'이라고 말한다.

3. 엄마 아빠께 동생이 생기면 잘 돌봐 줄 거라고 편지를 쓴다.

과연 성공할 수 있을까?

엄마의 편지

일기는 생각을 정리할 수 있도록 도와줘!

민수는 고양이를 정말 좋아하네. 얼마나 좋으면 벌써 '고양이 동생'이라고 부르겠어? 이 멋진 표현 덕분에 민수의 마음이 엄마에게 그대로 전해지는 듯해. 또 **일기에 구체적인 작전을 적었으니 생각이 정리되었겠구나.** 이게 바로 일기의 장점 중 하나란다.

사실 엄마도 고양이를 참 좋아해. 그런데 털이 너무 날리고 챙겨야 할 게 많으니까 오랫동안 망설였어. 민영이와 민수를 아프게 할퀼까 봐 무섭기도 했고.

오늘 말했듯이 민수가 고양이를 잘 돌봐 주면 좋겠어. 그러면 엄마도 기쁜 마음으로 고양이 동생을 데리고 올 수 있을 것 같아.

학습 관찰

1월 19일 수요일
날씨: 하늘이 하얗고 차가워 보였던 날

제목: 공룡 스티커

어제 엄마랑 슈퍼에 다녀오는 길에 엄마가 스티커를 사 주셨다. 공룡이 그려진 스티커였다.

나는 티라노사우루스랑 트리케라톱스를 가장 좋아한다. 스티커에 티라노사우루스가 있었다. 트리케라톱스는 없었다. 정말 아쉬웠다. 그래도 티라노사우루스는 크기가 아주 컸다.

이걸 어디에 붙이면 좋을까? 그냥 계속 갖고 있을까? 아직 안 정했다. 책상 서랍 속에 잘 넣어 두었다.

서랍을 보기만 해도 기분이 붕붕 들뜬다.

관찰한 모든 것을 적으면 관찰 일기를 쓸 수 있어!

민수는 스티커도 좋아하고 공룡도 좋아하는데. 공룡 스티커가 생겼으니 얼마나 기뻤을까! 특히 '들뜬다'라는 표현을 썼는데…… 민수야, 이런 말을 어떻게 알았니? 어린이가 알기 힘든 단어거든. '들뜬다'는 '마음이나 분위기가 가라앉지 않고 조금 흥분되다.'라는 뜻이야. 어려운 표현을 알맞게 쓴 점, 칭찬해!

오늘 일기는 공룡 스티커를 관찰한 '관찰 일기'라고 할 수 있어. 관찰 일기를 쓰려면 **첫 번째, 자세히 들여다보고 두 번째, 눈에 보이는 것이나 만질 때의 느낌이나 냄새 등 사실을 적고, 세 번째, 거기에 대한 느낌을 적으면 돼**. 스티커를 열심히 더 관찰하면 일기가 아주 풍성해지겠는걸? 공룡들의 이름, 모양, 색깔 등등……. 보이는 건 뭐든지 쓸 수 있어.

앞으로도 관심이 가는 무언가가 있으면 관찰 일기를 적어 봐. 우리 주변에는 관찰할 게 엄청나게 많으니까.

그림

1월 24일
월 요일

날씨: 아침에는 눈, 점심 때는 비

제목: 내 얼굴

스케치북에 낙서를 했다. 엄마 얼굴, 아빠 얼굴, 누나 얼굴을 그렸다. 누나가 지나가다가 보고는 "네 얼굴은 왜 안 그려?"라고 말했다. 그래서 내 얼굴을 그려 보았다. 그릴 때 너무 힘을 주어서 검은색 크레파스가 부러졌다.

한참을 그리고 있으니까 엄마가 "민수야, 그거 일기에 붙여도 되겠네."라고 말씀하셨다.

그래서 가위로 오려서 붙인다.

그림일기의 장점을 알아보자!

오늘은 민수가 처음으로 '그림일기'를 쓴 날이야. 그림일기는 그림을 그린 후 글을 덧붙인 일기지. 보통 오늘 있었던 일 중에서 가장 인상적이었던 일을 그려.

그림일기를 쓰면 뭐가 좋을까? **마치 사진을 찍은 것처럼 그 순간이 생생하게 남는단다.** 글은 읽으면 머릿속에 그 장면을 상상해야 하지만 그림은 눈에 바로 보여서 좋아. 일기를 보는 사람도 쓴 사람도 같은 장면을 공유할 수 있지.

오늘처럼 낮에 그린 그림을 오려 붙여도 되고, 일기장에 직접 그림을 그린 후 글을 덧붙여도 좋아. 그림으로 자유롭게 오늘 하루를 표현해 보렴!

나만의 꿀팁

일기, 왜 써야 할까?

초등학교에 들어가면 일기 쓰는 법을 배웁니다. 일기는 하루 동안 겪은 일이나 생각, 느낌 등을 글로 적는 거예요. 매일 글을 한 편씩 쓰는 건 쉬운 일이 아니에요. 그래서 일기 쓰는 걸 지겨워하거나 어려워하는 친구들이 많아요. 도대체 왜 일기를 써야 하는 걸까요?

내가 주인공인 글이기 때문이에요

우리가 살아가는 하루하루는 시간이 지나면서 흘러가요. 하지만 글로 적어 놓으면 언제든지 들춰 볼 수 있지요. 기억은 희미해져도 글은 사라지지 않아요. 하루하루의 일기가 모여서 나의 삶을 비추는 거울이 돼요. 먼 훗날에는 내가 주인공인 멋진 작품이 되지요.

동화 속의 주인공이 되고 싶다고 생각해 본 적이 있나요? 일기의 주인공이 바로 '나'예요. 내가 생생하게 살아 움직이는 글, 나의 삶을 담은 글이지요.

하루를 돌아보고 의미 있게 마무리할 수 있어요

우리는 살아가면서 기쁜 일, 고마운 일, 슬픈 일, 우울한 일 등 많은 일을 겪어요. 일기를 쓰면 그날 어떤 일을 겪었는지 잘 알게 돼요. '이런 건 참 좋았어.' '앞으로는 이렇게 해야지.'라고 새로운 다짐을 하게 되고요. 화나고 우울했던 감정도 일기에 적다 보면 스르르 가라앉아요. 일기는 하루 동안 있었던 사건을 차근차근 정리하게 해 줘요. 또한 스스로 생각하고 반성하고 다짐하게 해 줍니다.

글쓰기 실력이 쑥쑥 자라나요

매일매일 글을 쓰다 보면 자연히 글을 잘 쓰게 돼요. 우선 하루를 짧은 글로 요약할 수 있게 되지요. 사건을 시간순으로 적을 수도 있게 돼요. 내 느낌이나 감정을 글로 또렷이 표현할 수도 있어요. 일기에 쓸 글감을 찾기 위해 자연히 다른 사람들과 나눈 말이나 행동을 잘 관찰하고 기억하게 돼요. 그러면 다른 사람을 더 잘 이해할 수 있지요. 글짓기 실력이 자라나면 쓸 수 있는 단어도 점점 늘어나고 국어 시간에 자신감이 생길 거예요.

인내심과 끈기가 생겨요

매일 한 편씩 글을 쓴다는 건 정말 대단한 일이에요. 그날 있었던 일들을 차분히 생각하고, 머릿속으로 가다듬고, 한 글자씩 쓰고, 다 쓴 글을 정리하고……. 그러다 보면 꾸준히 무언가를 해내는 힘이 생겨요. 정말로 내가 간절히 하고 싶은 일이 생겼을 때, 인내심과 끈기를 갖고 끝까지 해낼 수 있게 될 거예요.

생각이 깊어지고 표현이 자유로워져요

일기를 쓰면 남들이 그냥 지나치는 일도 한 번 더 생각해 보게 돼요. 그 일이 왜 일어났는지, 어떻게 되었는지 되짚어 보게 되지요. 어린이는 자신의 감정이나 느낌이 지금 어떤지 알아차리기가 힘들어요. 글로 표현하기는 더욱 어렵고요. 하지만 일기를 쓰다 보면 내 감정이 무엇인지 한 번 더 생각할 수 있어요. 자연히 생각이 깊어지고 감정을 다른 사람에게 더 잘 표현하게 돼요. 하고 싶은 말, 해야 할 말을 원할 때마다 할 수 있어요.

일기는 시켜서 억지로 하는 번거로운 숙제일 수 있어요. 하지만 일기가 차곡차곡 모이면 마법처럼 놀라운 일이 생겨요. 매일 나에 대한 글을 쓰고 쓴 글을 나중에 읽으면 알게 돼요. 내 글이 어떻게 달라지고 더 훌륭해졌는지, 내가 그동안 얼마나 자랐는지 느낄 수 있어요. 어때요? 이렇게 좋은 점이 많은 일기, 안 쓸 수가 없겠지요?

2월의 일기

명절
설날

2월 1일
화 요일

날씨: 어제보다는 덜 추운 겨울날

제목: 설날

드디어 설날이다. 큰집에 놀러 갔다.

큰아버지, 작은아버지, 큰어머니, 사촌들이 모두 모였다.

반가웠다.

줄 서서 차례차례 세배를 드렸다. 세뱃돈을 많이 받아서 머리끝에서 발끝까지 좋았다.

사촌들이랑 집 밖으로 나갔다. 종규 형이 공을 갖고 와서 공놀이를 했다. 그런데 민규 형이 공에 맞아서 울었다. 그랬더니 종규 형이 젤리를 사 왔다. 다 함께 젤리를 나눠 먹었다. 민규 형도 울음을 그치더니 빙긋이 웃었다.

저녁밥을 먹고 나서 어른들께서 코트를 입으셨다. 집에 가야 한다고 하셨다.

가기 싫었다. 하루만이라도 자고 가고 싶었다. 지금도 사촌 형들이랑 더 놀고 싶다.

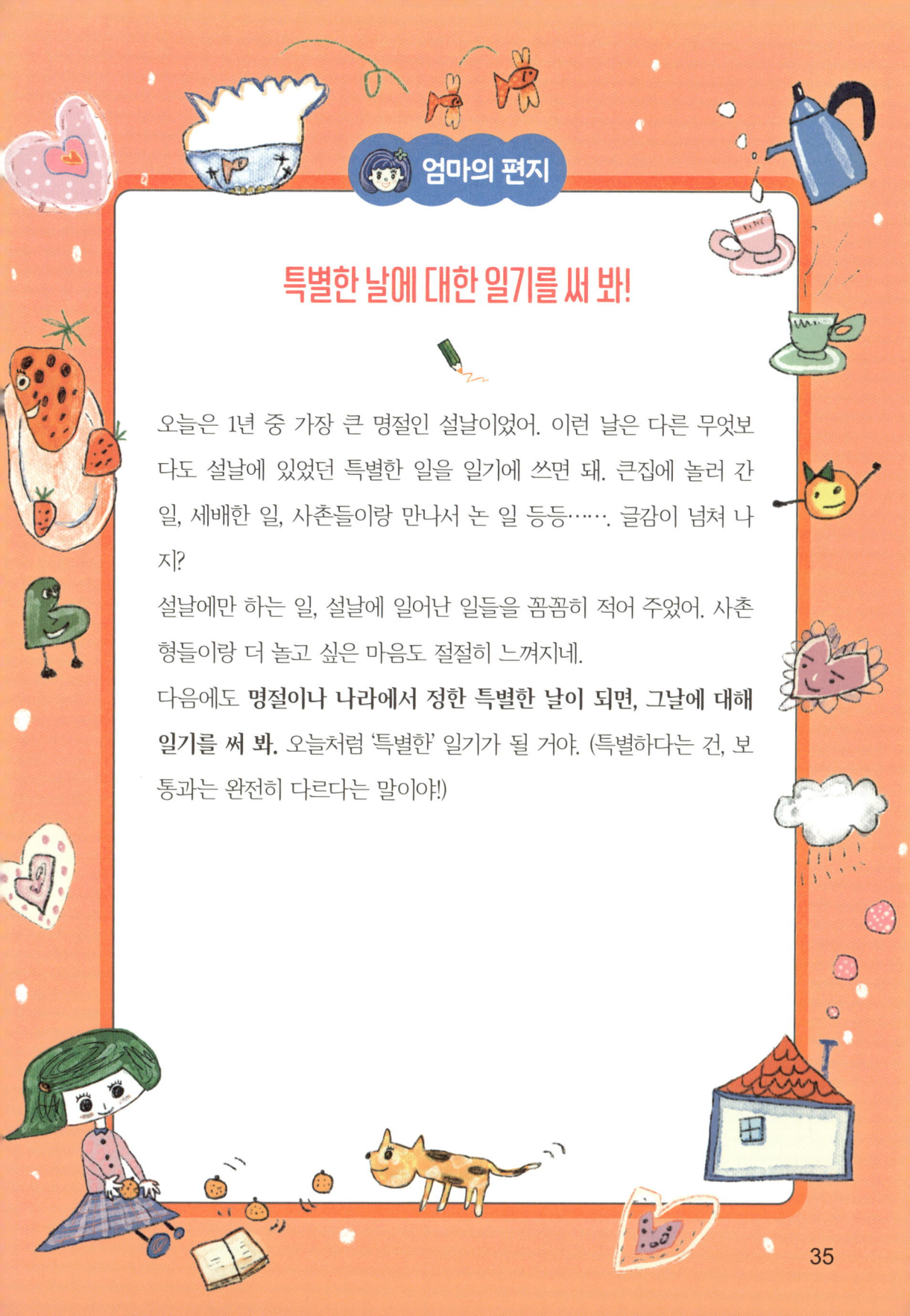

엄마의 편지

특별한 날에 대한 일기를 써 봐!

오늘은 1년 중 가장 큰 명절인 설날이었어. 이런 날은 다른 무엇보다도 설날에 있었던 특별한 일을 일기에 쓰면 돼. 큰집에 놀러 간 일, 세배한 일, 사촌들이랑 만나서 논 일 등등……. 글감이 넘쳐 나지?

설날에만 하는 일, 설날에 일어난 일들을 꼼꼼히 적어 주었어. 사촌 형들이랑 더 놀고 싶은 마음도 절절히 느껴지네.

다음에도 **명절이나 나라에서 정한 특별한 날이 되면, 그날에 대해 일기를 써 봐.** 오늘처럼 '특별한' 일기가 될 거야. (특별하다는 건, 보통과는 완전히 다르다는 말이야!)

2월 특별 칭찬

2월 2일
수요일
날씨: 너무 추움

제목: 칭찬받았어요!

오늘은 태권도 학원에 갔다. 갔다 와서 게임을 안 하고 책을 읽었다. 엄마가 "해가 서쪽에서 뜨겠다."라고 하셨다.

엄마도 나도 기분이 좋았다.

내가 읽은 책은 엄마가 도서관에서 빌려 온 책이다. 제목은 《칭찬받았어요!》였다. 나는 오늘 책을 읽어서 칭찬받았다.

밤에 엄마 어깨를 주물러 드렸더니 엄마가 기뻐하셨다.

"기특하다."라고 칭찬을 또 들어서 웃음이 절로 나왔다.

생각해 보니까 오늘 또 잘한 일이 있다. 엄마가 이 닦으라고 하기도 전에 이를 닦았다.

하루에 세 번이나 칭찬받을 일을 하다니, 굉장하다. 나는 아까 본 책에 나오는 주인공과 똑같다.

엄마의 편지

다른 사람을 칭찬하는 일기를 써 보자!

엄마는 몰랐는데 민수가 칭찬받을 일을 정말 많이 했네? 오늘 하루 정말 칭찬해. 짝짝짝!

오늘 쓴 일기는 '칭찬 일기'라고 할 수 있겠어. 나뿐만 아니라 가족, 친구, 선생님, 이웃 사람, 반려동물 등 칭찬하고 싶은 이들이 참 많지? 착한 일, 바른 일, 멋진 일, 고마운 일…… 그런 일을 한 사람이 눈에 띄면 다음에도 칭찬 일기를 써 봐.

무슨 일을 했는지, 어떤 점에서 잘한 건지, 그래서 나는 어떻게 느꼈는지를 적어 주면 내용이 풍성해질 거야. 작은 부분이라도 칭찬하다 보면 그 사람의 장점을 더 잘 알 수 있어. 그래서 더 고마운 기분이 들지. 또 일기를 다 쓰고 나면 마음이 후끈후끈 따뜻해질 거야.

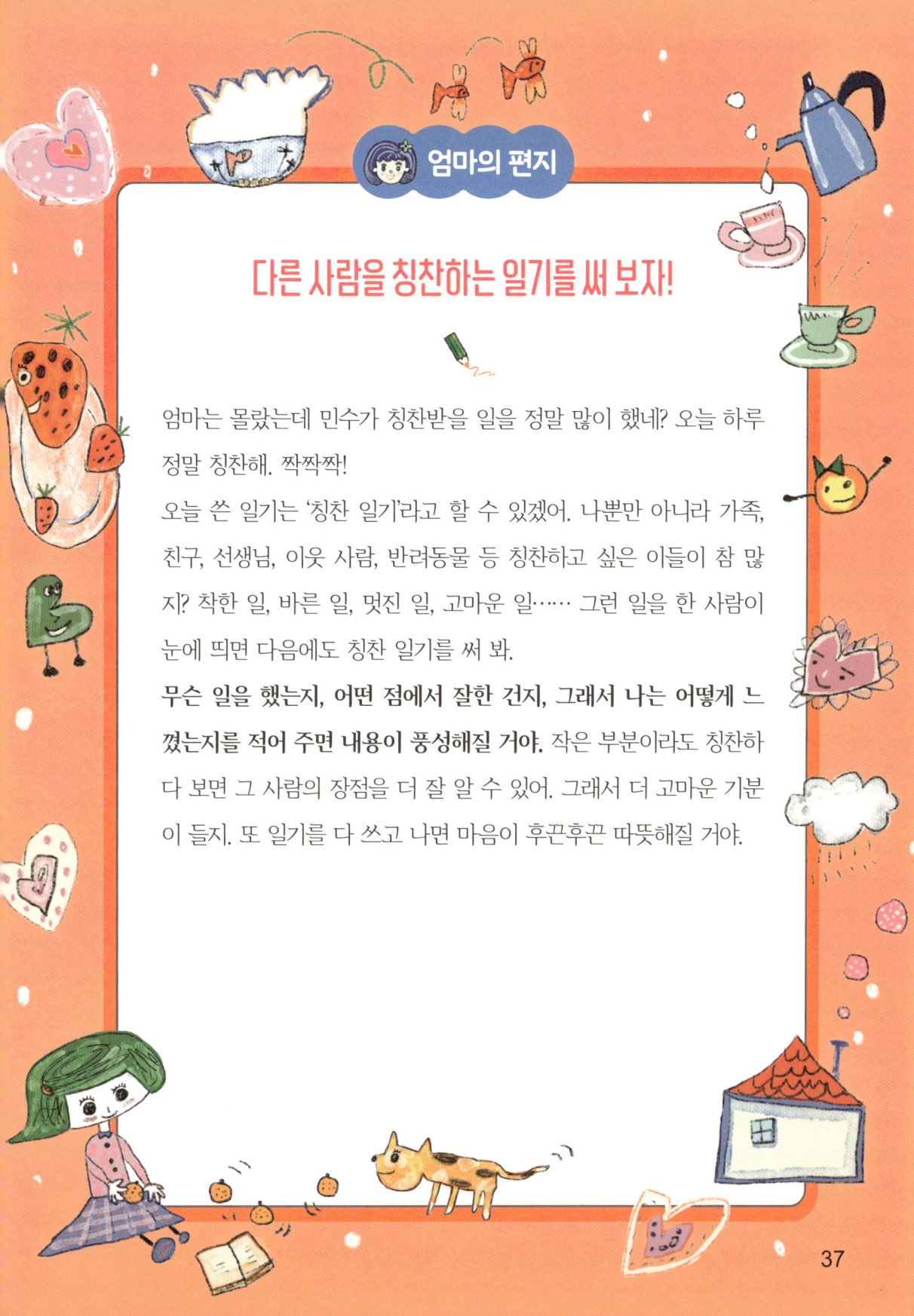

절기 입춘

2월 4일 금요일

날씨: '봄이 진짜 온 걸까?' 싶게 추운 날

제목: 봄이 오는 날

아침밥을 먹다 식탁 위 달력을 봤다. '입춘'이라고 써 있었다.

입춘이 뭘까?

인터넷에 쳐 봤더니 '봄이 시작되는 날'이라고 한다.

아니, 이렇게 추운데 봄이 왔다고?

나는 누나한테 오늘이 입춘이라고 말했다.

그랬더니 누나가 "어, 지난달보다 조금 따뜻해진 거 같아."

라고 말했다.

점심때 엄마랑 슈퍼마켓에 갔다. 그런데 눈도 안 녹았고

엄청 추웠다. 바람이 쌩쌩 불었다.

오늘은 패딩 사이로 들어오는 바람이 앗! 차가운 날.

내 생각에는 봄이 아직 안 온 것 같다.

엄마의 편지

나만의 표현을 만들어 보자!

오늘은 다른 것보다 날씨를 참 멋있게 표현했네?
'패딩 사이로 들어오는 바람이 앗! 차가운 날.'
이 문장을 읽으면 따뜻한 방안에 있어도 찬바람을 맞고 있는 것처럼 느껴져. 그래서 쉽게 공감이 돼! 민수가 어떤 옷을 입었는지, 바람이 어땠는지, 바람을 느낀 순간 민수의 마음이 어땠는지 저 한 문장 안에 다 들어 있어. 정말 뛰어난 표현이야!
앞으로도 오늘처럼 나만의 표현을 만들어 보렴. **읽기만 해도 상황과 기분이 잘 느껴지는 표현 말이야!**

| 2월 5일 토요일 | 날씨: 추운 것도 다 잊고 정신없이 놀았던 날 |

여행

제목: 눈썰매와 눈꽃 축제

오늘은 눈꽃 축제에 갔다. 아빠가 운전하시고 엄마, 누나랑 한참 동안 자동차를 타고 갔다.

다 왔더니 굉장히 넓은 눈썰매장이 있었다. 이미 썰매를 타는 사람들이 많았다. 우리도 얼른 타자고 졸랐지만 엄마는 점심부터 먹어야 한다고 하셨다. 식당에서 우동이랑 김밥을 먹었다.

썰매장은 높은 곳에 있어서 전기차를 타고 올라갔다. 가슴이 두근두근했다.

커다란 썰매는 수영장 튜브 모양이었다. 거기에 한 사람씩 타고 아래로 씽씽 내려갔다. 미끄럼틀보다 훨씬 더 무섭고 빠르고 재미있었다.

한 다섯 번쯤 왔다 갔다 했는데 엄마 아빠는 더 못 타게 다고 하셨다. 그래서 누나랑 나만 계속 썰매를 탔다.

그러다 '줄줄이 썰매'를 타러 갔다. 우리 식구가 썰매를 한꺼번에 타고 내려갔다. 이게 더 빠르고 재미있었다. 몇 시간을 타다가 너무 춥고 지쳐서 돌아왔다.

썰매장이 우리 동네에 있으면 얼마나 좋을까? 아쉽다. 내일도 또 그다음 날도 썰매를 타고 싶다.

엄마의 편지

비교문을 써 보자!

오늘 정말 신나게 썰매를 탔지. 민수랑 민영이가 너무 좋아해서 엄마 아빠도 보람찬 하루였어.

썰매장이 우리 동네에 있으면 좋겠다는 말이 참 와닿네. 눈썰매가 얼마나 재미있었는지 느껴지거든.

특히 '미끄럼틀보다 훨씬 더 무섭고 빠르고 재미있었다.'는 아주 좋은 표현이야. 왜냐고?

썰매를 안 타 본 사람은 많아도 미끄럼틀은 거의 모든 사람이 다 타 봤거든. 미끄럼틀을 탔을 때의 느낌을 모두들 잘 알고 있어. 그래서 미끄럼틀보다 썰매가 더 무섭고 빠르고 재미있다니까 어떤 느낌인지 확 와닿는 거야. 이처럼 **비교하는 문장을 쓸 때는 우리가 잘 아는 것을 예로 드는 게 좋아.**

잘 아는 것을 예로 든 비교 문장

- 딸기 케이크만큼 달콤했다.
- 개나리보다 더 진한 노란색이었다.
- 고드름이 "친구 하자!"라고 할 정도로 차갑고 딱딱했다.
- 치타처럼 빠르게 달렸다.

오늘 일기는 '여행 일기'라고 할 수 있어. **어디로 떠났는지, 어떤 일이 있었는지, 무엇을 느꼈는지 쓰면 돼.**
민수가 오늘 간 곳은 양주시였고, 눈썰매를 탔고, 매일 눈썰매를 타고 싶다고 생각했지. 다음에도 멋진 여행 일기를 쓰길 바라.

생활

2월 7일
월 요일
날씨: 나뭇가지에 눈이 딱딱하게 얼어 있던 날

제목: 고양이 동생 깐돌이

아기 고양이가 우리 집에 왔다!

이모가 큰 가방 안에 고양이를 데리고 오셨다. 나는 어제부터 기다리고 또 기다렸다. 게임하다가도 자꾸만 대문 쪽을 살살 살펴봤다.

"딩동." 벨이 울리자 후다닥 뛰어나가 문을 열었다.

고양이는 정말 작았다. 손안에 쏙 들어왔다. 보드랍고 따뜻했다. 조심조심 안았다.

"야옹, 야옹." 끊임없이 울었다.

엄마가 "아직 제 엄마 품이 그리운가 보네."라고 하셨다.

나는 "걱정 마, 내가 이제부터 잘 돌봐 줄게!"라고 말했다.

고양이 이름은 아빠가 정하셨다. '깐돌이'로 하자고 하셔서 왜 깐돌이냐고 물었다.

"아빠가 제일 좋아했던 아이스크림 이름이야."

내 동생 깐돌아,

나는 벌써 네가 좋아.

일기를 다 썼으니 지금 한 번 더 보고 와야겠다.

부사를 사용해 보자!

오늘 일기에는 '살살', '후다닥', '쏙', '조심조심' 등 부사를 많이 써서 표현이 더 풍부해졌어. 그냥 살펴보는 게 아니라 '살살' 살펴보았다고 하니까 어떤 모습으로 살펴보았는지 더 잘 알 수 있지.

부사는 '예쁘다', '멋지다'처럼 성질을 설명하는 형용사와 '달리다', '걷다'처럼 움직임을 나타내는 동사를 꾸며주는 말이야. 민수가 자주 사용하는 소리나 모양을 흉내 내는 의성어, 의태어도 바로 부사지. 앞으로도 **부사를 적절히 쓰면 느낌이 더 풍성해질 거야.**

45

특별 편지

2월 10일
목요일
날씨: 맑고 추움

제목: 대청소하는 날

엄마가 대청소를 했다. 유리창을 닦고, 창고를 정리했다. 누나랑 나는 엄마를 도왔다.

사실 귀찮고 하기 싫었다. 엄마가 "이건 저기 갖다 놔라.", "걸레 가져와라." 자꾸 심부름을 시키셨다. 내가 무언가를 잘 못 찾으면 엄마가 화를 내셨다. 많이 힘들고 지쳐 보였다. 엄마가 불쌍했다.

엄마, 그 모습을 보는 게 좀 싫었어요.

너무 힘들어하지 마세요.

엄마의 편지

편지 일기를 써 보자!

오늘은 엄마한테 하고 싶은 말을 일기에 적었구나. 처음부터 엄마한테 편지를 쓰듯이 적었으면 '편지 일기'가 되었을 거야. 말 나온 김에 편지를 어떻게 쓰는지 가르쳐 줄게.

어머니께 —— 받는 사람의 이름을 밝혀 주고 간단한 안부 인사를 건네면 돼.

오늘도 잘 지내셨어요?
낮에 대청소를 했지요. 저랑 누나는 엄마를 도왔고요.
그런데 엄마가 심부름을 시키셨잖아요.
제가 무언가를 잘 못 찾으면 화를 내시기도 하고요. —— 꼭 전하고 싶은 내용을 차근차근 적어 봐.
오늘 엄마는 정말 힘들고 지쳐 보였어요.
엄마가 불쌍해 보였고요.
엄마, 그 모습을 보는 게 좀 싫었어요.
너무 힘들어 하지 마세요. —— 앞에 쓴 내용을 정리하면서 끝맺음 인사를 해.

20□□년 □월 □일 노민수 올림 —— 편지를 마무리하면서 오늘 날짜와 이름을 적으면 돼.

추신: 다음번에 청소할 때는, 더 많이 도와드릴게요!

깜빡 빠트린 내용이 있다면 '추신'이라고 쓰고 짧게 덧붙여도 좋아.
추신은 뒤에 덧붙여 말한다는 뜻이야.

2월 명절

정월 대보름

2월 15일 화 요일
날씨: 흐렸다가 점점 맑아짐. 근데 추움

제목: 정월 대보름

오늘은 정월 대보름이다. 정월 대보름이 뭐냐고 엄마한테 물었더니 새해가 된 후 처음으로 보름달이 뜨는 명절이라고 하셨다.

"그게 왜 중요한데요?"

"음……. 엄마가 지금 설거지하느라 바쁜데. 인터넷에서 좀 찾아볼래?"

그래서 노트북으로 찾아봤다. 그런데 읽어도 잘 모르겠다.

또 명절인데 왜 아빠는 회사에 가셨지? 설날에는 집에 계셨는데…….

어떤 명절은 쉬는데 어떤 명절은 안 쉰다.

엄마, 대체 정월 대보름이 무슨 날이에요?

저녁때 아빠가 베란다에 나가서 달을 보자고 하셨다. 갔더니 아주 큰 보름달이 떠 있었다.

"정월 대보름에 달에게 소원을 빌면 이루어진대."

"와, 진짜요? 당장 빌어야지."

나는 속으로 '달님, 스마트폰을 주세요.'라고 빌었다.

아빠가 무슨 소원 빌었냐고 물으시길래 비밀이라고 했다.

 엄마의 편지

일기는 솔직히 쓰는 게 최고란다!

민수는 정월 대보름이 무척 궁금했구나. 정월 대보름은 우리나라의 명절로 음력 1월 15일이야. 새해가 시작되고 처음 큰 보름달이 뜨는 날, 특별한 음식을 먹고 달을 보며 소원을 빌었지. 한 해를 잘 보내게 해 달라고 말이야.

오늘 일기에는 아빠에게 말하지 않은 소원을 적었네. 아주 솔직한 일기라 정말 좋다. **일기는 내 생각을 글로 남기는 곳이니, 비밀을 털어놓아도 괜찮단다!**

생활

2월 18일 금요일
날씨: 맑고 환했음

제목: 유치원 졸업식

오늘은 유치원을 졸업하는 날이다. 엄마가 와서 축하해 주셨다. 사탕이 가득 들어 있는 꽃다발을 갖고 오셨다.

선생님이 편지를 읽어 주셨다. 이제 선생님을 못 본다고 생각하니까 눈물이 났다. 나도 울고 지원이도 울고 다들 많이 울었다. 지원이는 무대로 나가서 편지를 읽었다. 읽다가 울어서 다 못 읽고 내려왔다.

모두 무대 위에 올라가서 〈선생님, 고마워요〉 노래를 불렀다. 나도 열심히 불렀다. 선생님들도 부모님들도 박수를 쳐 주셨다.

경근이랑 혜원이가 편지랑 사탕을 줬는데 나는 아무것도 줄 게 없었다. 미안했다. 이제 다른 학교에 가면 못 만나는데……

친구들아, 안녕. 정말 고마워.

엄마의 편지

여러 감정이 느껴지면 모두 적어 봐!

유치원을 2년이나 다녔으니 그동안 얼마나 정이 많이 들었을까! 민수랑 친구들이 많이 울어서 엄마도 눈물이 나더라.
일기에 아쉬운 마음, 미안한 마음, 고마운 마음이 가득 담겨 있네.
오늘처럼 여러 가지 마음이 드는 날에는 그 마음을 하나하나 빠짐없이 적어 봐. 감정이 풍부한 일기가 될 거야.
담담하게 사실만 적는 일기보다는 감정이 뚜렷이 느껴지는 일기가 더 멋진 일기라고 엄마는 생각해.

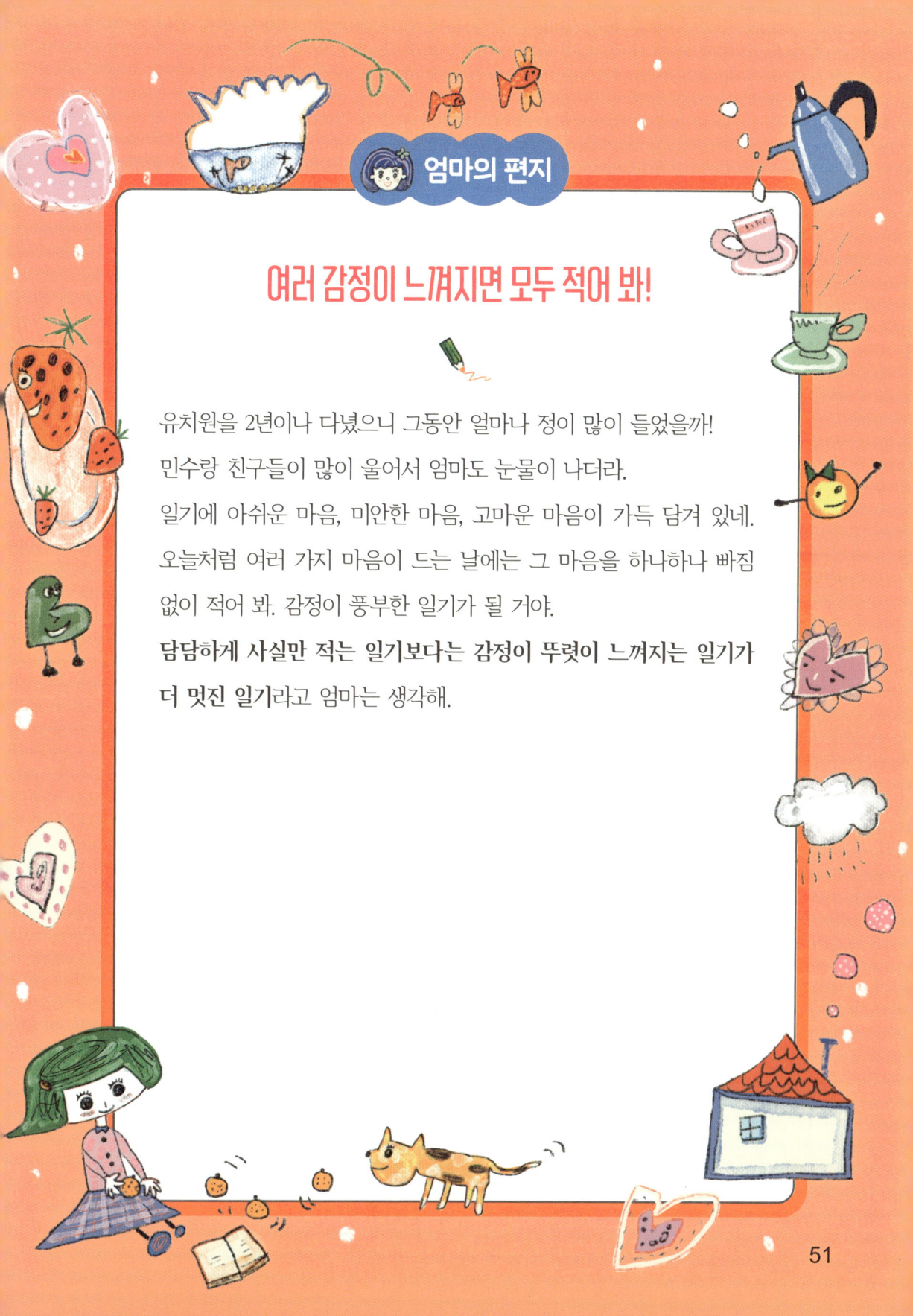

2월

감상
영화

2월 23일
수요일

날씨: 영화관이 어두워서 잘 모르겠음

제목: 마술 용사 아라맨

엄마랑 누나랑 영화관에 갔다. 늘 텔레비전이나 노트북으로 영화를 보다가 영화관에 가니까 기분이 이상했다. 엄마는 조용히 해야 한다고, 다른 사람에게 폐를 끼치지 말라고 몇 번이나 부탁하셨다.

영화관은 크고 어두웠다. 귀신이 옆에서 튀어나올 것 같았다. 소리가 너무 커서 가슴이 쿵쿵 뛰었다. 귀가 웅웅 울렸.

〈마술 용사 아라맨〉을 봤는데 엄청 재미있었다. 그런데 영화가 너무 길어서 자꾸만 말을 하고 싶었다. 내가 엄마한테 말할 때마다 엄마는 "쉿!" 그러셨다. 누나는 말을 하나도 안 하고 가만히 있었다.

영화관을 나왔다. 아라맨처럼 하늘을 날고 싶어서 다다다 달리다 나는 것처럼 뛰어올라 보았다. 그러다가 넘어져서 엄마한테 혼났다.

엄마의 편지

감상 일기를 써 보자!

민수가 유치원을 졸업해서 이제 영화관에 갈 수 있을 줄 알았는데……. 아직은 먼일 같아. 민수가 자꾸 말을 걸고 화장실 가고 싶다고 해서 엄마는 영화를 제대로 못 봤어.

그런데 영화 내용을 일기에 많이 안 적었네. **영화나 TV 프로그램 등을 보고 그 내용과 보고 느낀 점을 적으면 '감상 일기'가 돼.** 다음에는 감상 일기를 한번 적어 볼래?

2월 감상 프로그램

2월 26일 토요일
날씨: 비가 조금씩 내림

제목: 또롱이와 푸롱이

오늘 텔레비전에서 〈또롱이와 푸롱이〉가 나왔다. 지난번에 봤지만 또 봤다.

또롱이랑 푸롱이가 요술 마을에 들어갔는데 도둑이 들어서 요술 상자를 훔쳐 갔다. 마을 사람들은 둘이 도둑이 아니냐고 말했다. 또롱이는 범인을 잡으려고 사람들을 한 명씩 만나서 이야기했다. 그런데 푸롱이가 도둑에게 붙잡혀서 지하실에 갇혔다. 또롱이는 푸롱이가 떨어뜨린 신발을 보고 푸롱이가 잡혀간 걸 알아챘다. 마을 사람들과 힘을 합쳐서 푸롱이를 구하고 범인도 잡았다.

또롱이는 똑똑하고 멋있다. 그런데 푸롱이는 느릿느릿 답답하다. 또 만날 이상한 일만 한다. 그래서 보고 있으면 좀 짜증이 난다.

나도 또롱이처럼 날쌔고 똑똑해지고 싶다.

엄마의 편지

감상 일기에는 무엇이 들어가야 할까?

〈또롱이와 푸롱이〉 만화 영화를 보고 '감상 일기'를 썼구나. 만화 영화를 언제 봤는지, 어떤 내용이었는지 자세히 적었어. 만화 영화를 안 본 엄마도 어떤 이야기였는지 알 수 있게 잘 썼어. 〈또롱이와 푸롱이〉를 보고 난 후의 느낌, '또롱이처럼 되고 싶다'라는 다짐이 들어 있어서 좋아. 감상 일기에는 **보고 난 후에 느낀 감정과 생각이 꼭 들어가야 하거든**. 훌륭한 '감상 일기'를 썼어.

> **나만의 꿀팁**

일기에 꼭 써야 하는 것들

일기에는 꼭 써야 하는 것들이 있어요. 무엇일까요?

날짜, 요일

　만약 날짜와 요일을 쓰지 않고 그날 있었던 일만 쓰면 어떻게 될까요? 시간이 지나 그 글을 봤을 때 언제 쓴 글인지 전혀 알 수가 없겠지요. 그러면 일기가 아니라 그냥 '메모'일 뿐이에요. 일기는 하루하루의 기록이기 때문에 그날의 날짜를 꼭 적어야 해요. 그래야 바로 그 날짜에 무슨 일이 있었는지 알 수 있어요.

　요일도 무척 중요한데요. 토요일, 일요일에는 보통 가족들과 함께 있잖아요? 수요일에 놀이공원에 갔다면 학교와 회사를 안 간 뭔가 특별한 날이었음을 알 수 있어요. 만일 일요일에 놀이공원에 갔다면 자연스럽게 온 가족이 다 쉬는 날이라서 갔을 거라는 생각이 들어요. 우리는 요일마다 각자 다르게 살아가니까요. 요일을 적으면 그날이 어떤 날인지 금방 와닿아요.

제목

 일기에 제목을 적으면 일기가 어떤 내용인지 한눈에 들어와요. 예를 들어, '동생과 싸운 날'이라는 제목의 일기를 보았어요. 어때요? 글을 안 봐도 그날 무슨 일이 있었는지 알 것 같지요?
 제목은 일기의 내용을 단 한 줄로 줄여서 쓰는 거예요. 제목을 쓰다 보면 긴 글을 짧은 문장으로 줄이는 연습을 할 수 있어요. 딱 한 줄의 문장에는 또렷한 힘이 있어요. 무엇에 대해 쓸지 정했다면 우선 제목부터 적어 보세요. 자연스럽게 제목의 내용대로 글을 쓰게 될 거예요. 그러면 산만하지 않고 힘 있는 글을 쓸 수 있어요.

날씨

 날씨는 매일매일 달라져요. 우리의 기분과 생활도 날씨에 따라 조금씩 달라지고요. 한여름의 일기에 '햇빛이 쨍쨍'이라고 적으면 그날의 느낌이 확 살아나요. 한겨울의 일기에 '너무 추워서 손이 꽁꽁'이라고 적으면 얼마나 추웠는지 잘 느껴져요. 날짜에 요일, 날씨까지 적으면 일기를 읽기도 전에 그날이 어떤 날이었는지 많은 것을 알 수 있어요.

3월의 일기

3월 국경일 삼일절

3월 1일
화 요일

날씨: 햇빛이 아주 따뜻해서 마음도 밝았던 날

제목: 삼일절과 새 옷

오늘은 삼일절이다. 삼일절은 쉬는 날이라서 아빠도 늦잠을 주무셨다.

삼일절은 우리나라 사람들이 3월 1일에 만세 운동을 했던 날이다. 일본이 우리나라를 빼앗았는데 사람들이 나라를 돌려 달라고 했다고 한다.

태극기를 흔들면서 "대한 독립 만세!"를 외쳤다고 했다.

아빠한테 물었더니 가르쳐 주셨다.

우리나라를 빼앗다니, 일본이 나빴다. 일본은 우리나라 사람들을 많이 잡아가서 때리고 죽였다고 했다. 진짜 나쁘다.

나는 내일 초등학교에 간다. 엄마가 골라 줘서 이 옷, 저 옷을 입어 보았다. 새로 산 노란 패딩과 장화를 신었더니 누나가 잘 어울린다고 했다. 어서 학교에 가고 싶다.

엄마의 편지

두 가지 주제를 쓸 때는 어떻게 해야 할까?

삼일절이 어떤 날이었는지 잊지 않고 일기에 적었네. 민수가 들은 대로 삼일절은 우리 조상님들이 1919년 3월 1일에 만세 운동을 했던 날이야. 해마다 3월 1일이면 우리나라 사람들은 일이나 공부를 쉬면서 그 뜻을 생각하곤 하지.

오늘은 삼일절과 새 옷, 두 가지에 대해 일기를 썼어. **중요한 일이 하나가 아니라 두 개 있었던 날에는 둘 다 일기에 적어도 돼. 대신 한 가지 주제에 너무 치우치지 않고 둘 다 충분히 다루어 주는 게 좋아.** 한두 줄만 적고 다른 이야기로 넘어가면 글이 '산만하다'는 인상을 주지. 두 가지 주제를 다 꼼꼼히 적으면 나중에 일기를 보았을 때 '아, 이날은 두 가지 중요한 일이 일어났고, 그 일은 이런 거였구나.'라고 확실히 알 수 있을 거야.

민수가 드디어 초등학생이 되는구나! 엄마도 민수처럼 가슴이 설레고 두근두근해.

3월 2일 수요일

날씨: 바람은 쌀쌀하지만 어쩐지 따뜻한 날

제목: 나는 초등학생!

아침밥을 많이 먹고 엄마랑 학교에 갔다.

신호등 앞에서 경철이랑 경철이 엄마를 만나서 인사했다.

학교 건물이 너무 컸다. 엄마가 교실에 데려다주셨다.

친구들을 처음 만나서 그런지 이상했다. 얼굴을 똑바로 보기가 힘들었다.

선생님이 들어오셨다. 인사도 하고 여러 가지 이야기도 들었다.

밖에 나와서 엄마랑 집에 돌아왔다.

"엄마, 나 이제 초등학생이야?"

"물론이지. 초등학교 1학년 노민수!"

가슴이 울렁울렁하고 두근두근했다. 기분이 왜 이러지?

뭔가 잘하고 싶기도 하고…… 잘 될까, 싶기도 하다.

내일부터 무슨 일이 일어날까? 친구들이랑 빨리 친해지고 싶다.

엄마의 편지

감정을 나타내는 단어를 쓰지 않고도 표현할 수 있어!

오늘은 유난히 제목이 눈에 띄는걸? '나는 초등학생!'이라는 제목이 무척 당당하고 의젓하게 느껴져. 맞아, 민수는 이제부터 유치원생이 아니라 초등학생이야.

앞으로도 일기에 멋진 제목을 붙여 주면 좋겠어.

오늘 일기에는 특히 '감정'에 대한 표현이 많이 나왔는걸?

'친구들을 처음 만나서 그런지 이상했다. 얼굴을 똑바로 보기가 힘들었다.'라는 문장에서 처음 본 친구들에 대한 어색함, 수줍음이 느껴졌어. 민수의 마음이 잘 전달되는 문장이야.

또 '뭔가 잘하고 싶기도 하고…… 잘 될까, 싶기도 하다.'라는 문장에서 잘하고 싶다는 바람, 잘 될까 싶은 걱정이 느껴졌어.

앞으로 **자기 마음을 표현할 적절한 단어가 생각나지 않는다면 이렇게 느꼈던 그대로를 적어 주렴.** 나중에는 내 감정이 그때 어땠는지 누구보다 뚜렷이 쓸 수 있을 거야.

특별 소개

3월 3일 목요일
날씨: 하늘에 구름이 많았던 날

제목: 승필이와 태우

학교에서 키 순서대로 번호를 받았다. 나는 12번이었다.

'1학년 2반 12번 노민수'가 되었다. 번호대로 자리에 앉았다.

쉬는 시간에 앞쪽, 뒤쪽에 앉은 애들이랑 놀았다. 그 애들은 경철이, 승필이, 태우였다. 경철이는 태우랑 같은 아파트에 산다고 했다.

그런데 승필이가 수업을 받다가 의자에서 쿵 떨어졌다.

"아야!"

나는 너무 웃겼다. 하지만 승필이가 기분 나빠 할까 봐 꾹 참았다.

학교를 마친 후 경철이, 승필이, 태우랑 같이 집으로 돌아왔다.

엄마의 편지

친구 소개 일기를 써 보자!

민수가 벌써 새로운 친구를 사귀었구나. 앞으로의 일기에 민수 친구들이 많이 나왔으면 좋겠다!

친구를 소개할 때는 무엇을 적으면 좋을까? 우선 눈에 보이는 걸 적으면 되겠지? **바로 생김새야.** 얼굴이 둥근지 길쭉한지, 몸집이 큰지 작은지, 멋있고 예쁘고 보기 좋은 부분은 어디인지 등등. 쓸 내용은 얼마든지 있어.

그다음은 눈에 보이지는 않지만 내가 느낀 점을 쓸 수 있어. 바로 **친구의 성격이나 말투, 버릇, 취미 등이야.** 그 **친구가 좋아하는 것이나 싫어하는 것 등의 '기호'**를 적을 수도 있겠지.

또 **친구와 나 사이에 있었던 에피소드**를 적으면, 그 친구를 더 잘 이해할 수 있어. 친구와 나 사이에는 매일 여러 가지 일이 생기지. 나누었던 대화, 함께 쳤던 장난, 공부, 운동 등……

이제 친구를 글로 어떻게 소개하는지 잘 알았지?

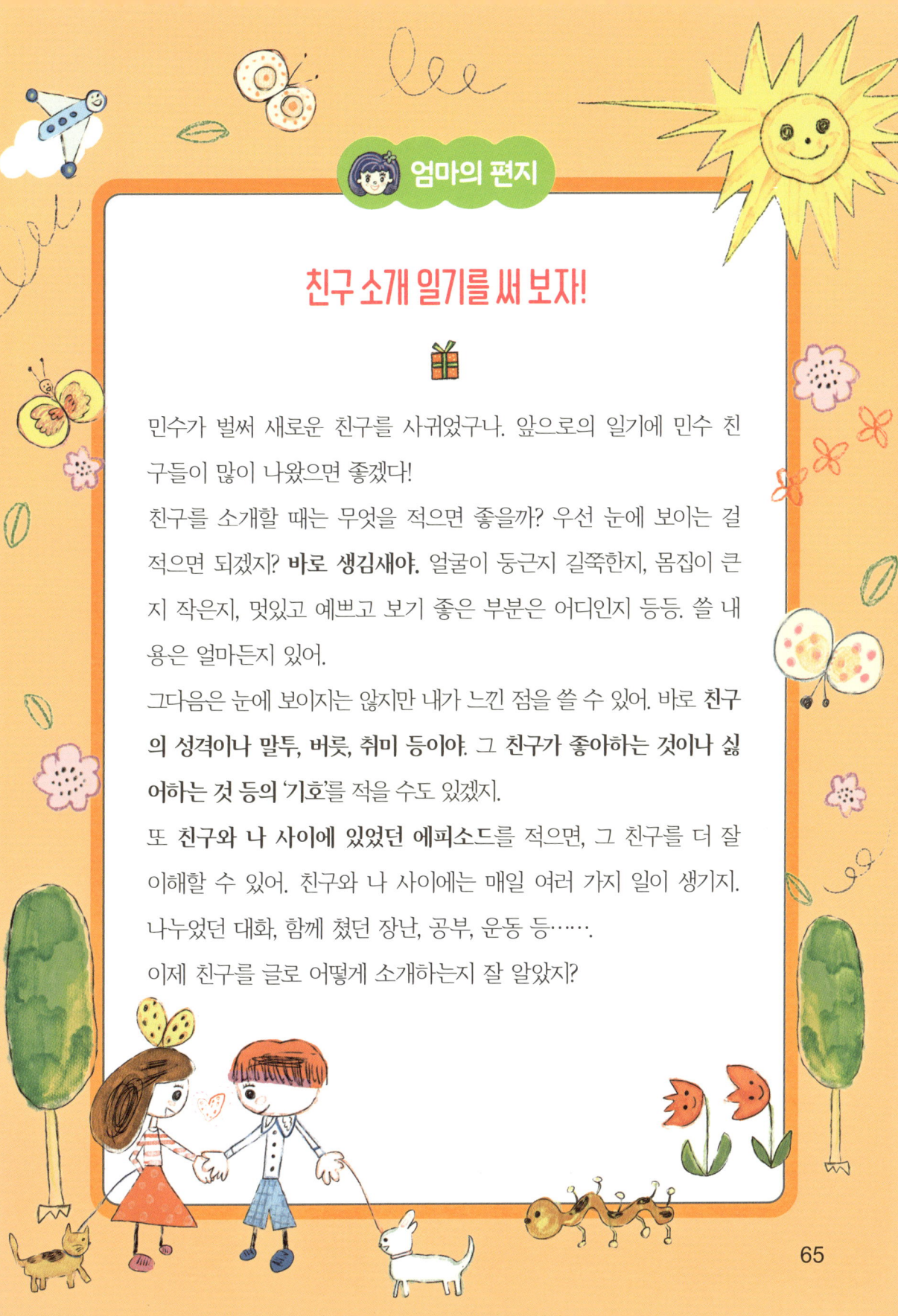

3월 특별 요리

3월 5일
토요일

날씨: 코트를 입었는데도 추운 날

제목: 주먹밥 만들기

점심때 엄마가 주먹밥을 만드셨다. 나도 한번 해 보고 싶다고 했다. 그랬더니 비닐장갑을 가져오라고 하셨다.

나는 비닐장갑을 끼고 밥을 쥐었다. 밥을 뭉쳐서 동글동글 동그라미로 만들었다. 곧 맛있는 주먹밥을 다 만들었다.

엄마랑 나는 아빠, 누나 것까지 다 만들었다.

내가 싫어하는 다진 당근을 빼고 주먹밥을 뭉치다가 엄마한테 들켰다. 역시 엄마는 눈치가 빠르시다.

"민수야, 그러면 다른 식구들이 당근을 너무 많이 먹게 되잖아?"

"저 빼고 다들 당근 좋아하잖아요."

엄마는 한숨을 쉬시며 몇 개만 당근을 빼고 만들라고 하셨다. 와, 내가 밥을 만드니까 내가 원하는 대로 만들 수가 있구나. 엄마를 자주 도와드려야겠다!

그런데 엄마가 만든 주먹밥은 크기가 똑같았는데 내 건 아니었다. 어떤 건 작고 어떤 건 컸다. 그래서 아빠랑 누나는 내가 만든 걸 귀신같이 알아봤다.

주먹밥은 다 맛있었다. 내가 만들어서 더 맛이 좋았다.

 엄마의 편지

관용구를 사용해 보렴!

'눈치가 빠르다'라는 말처럼 **두 단어가 함께 쓰이면서 원래의 뜻과 다른 의미를 나타내는 것을 '관용구'**라고 해. 관용구를 잘 사용하면 글이 더욱 재미있어진단다. '뒤통수를 맞다', '머리를 맞대다', '귀를 기울이다' 등이 우리가 평소에 잘 사용하는 관용구야. 또 다른 재미있는 관용 표현을 찾아보렴!

3월 특별 노래

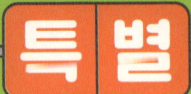

3월 7일 월요일
날씨: 바람이 많이 분 날

제목: 상어 가족

수업 시간에 소영이가 자기소개를 했다. 노래 부르는 걸 좋아한다고 했다. 그래서 선생님이 노래를 해 보라고 하셨다. 소영이는 〈상어 가족〉 노래를 불렀다. 많이 들었던 노래라서 아이들이 다 알고 있었다. 함께 불렀다. 나도 따라 불렀다.

아기 상어 뚜 루루 뚜루 귀여운 뚜 루루 뚜루

바닷속 뚜 루루 뚜루 아기 상어

내가 좋아하는 노래를 부르니까 기분이 좋았다. 반 아이들이랑 다 같이 부르니까 더 신났다. 그런데 선생님께서 가장 좋아하신 것 같다. 노래를 들으면서 내내 웃으셨다. 박수도 아주 크게 치셨다.

엄마의 편지

노랫말도 일기가 될 수 있어!

노래를 듣고 그 노래에 대해 일기를 썼구나. 언제 어디서 누가 불렀는지, 노랫말이 어떤지, 노래를 듣고 나서 느낌은 어땠는지 잘 써 주었어. 특별하지 않은 일도 놓치지 않고 일기에 옮길 생각을 하다니, 정말 잘했어!

오늘 일기는 '노래 일기'라고 할 수 있겠네. 민수는 앞으로 많은 노래를 들을 거야. 그중에서 **기억에 남는 노래, 좋아하는 노래를 오늘처럼 일기에 적으면 돼. 좋아하는 이유, 들었던 곳 등 노래를 들으면 떠오를 만한 추억을 함께 적으면 더 좋겠지?** 노랫말을 적다 보면 오래 기억할 수 있고, 볼 때마다 한 번씩 부를 수 있어서 더 신날 거야.

학습 관찰

3월 11일 금요일
날씨: 해님이 열심히 일해서 따뜻했던 날

제목: 깐돌이 관찰 일기

- 오늘은 깐돌이에 대한 일기를 써 보려고 한다.
- 깐돌이는 태어난 지 6개월 된 고양이다. 이모 집에서 태어났는데 우리 집에 와서 막내가 되었다.
- 깐돌이는 검은색 줄무늬가 있고 크기는 아빠 발바닥만 하다.
- 아빠도 엄마도 누나도 나도 깐돌이를 무척 예뻐한다.
- 밖에 있다가 집에 오면 손을 씻어야 깐돌이를 만질 수 있다.
- 아기 고양이라서 그런지 보들보들하고 따뜻하다.
- 깐돌이는 사료보다 캔을 더 좋아한다. 캔 따는 소리가 들리면 막 달려온다.
- 나는 깐돌이가 너무 귀엽다. 나한테 스마트폰이 있다면 매일 깐돌이 사진을 찍고, 학교에 가서 자랑할 텐데.
- 가끔 내 손을 물거나 할퀼 때가 있다. 그럴 때는 깐돌이가 조금 미워진다.

엄마의 편지

좋아하는 대상을 관찰하면 일기가 더 풍부해져!

깐돌이 관찰 일기를 썼구나. 특히 훌륭한 점은 **열심히 관찰을 해서 내용이 구체적이고 깐돌이에 대한 마음도 자세히 나타나 있다는 거야.** 아마 민수가 깐돌이를 정말 좋아하기 때문이겠지? 좋아하는 누군가가 생기면 자연스럽게 눈이 가고, 요모조모 뜯어보고, 할 말이 많아지거든. 그런 대상을 콕 찍어서 관찰 일기를 썼기 때문에 내용이 풍부해졌어.

또 관심과 애정이 가는 무언가가 있니? 그럼 관찰 일기를 써 보렴. 물 흐르듯이 술술 적을 수 있을 거야.

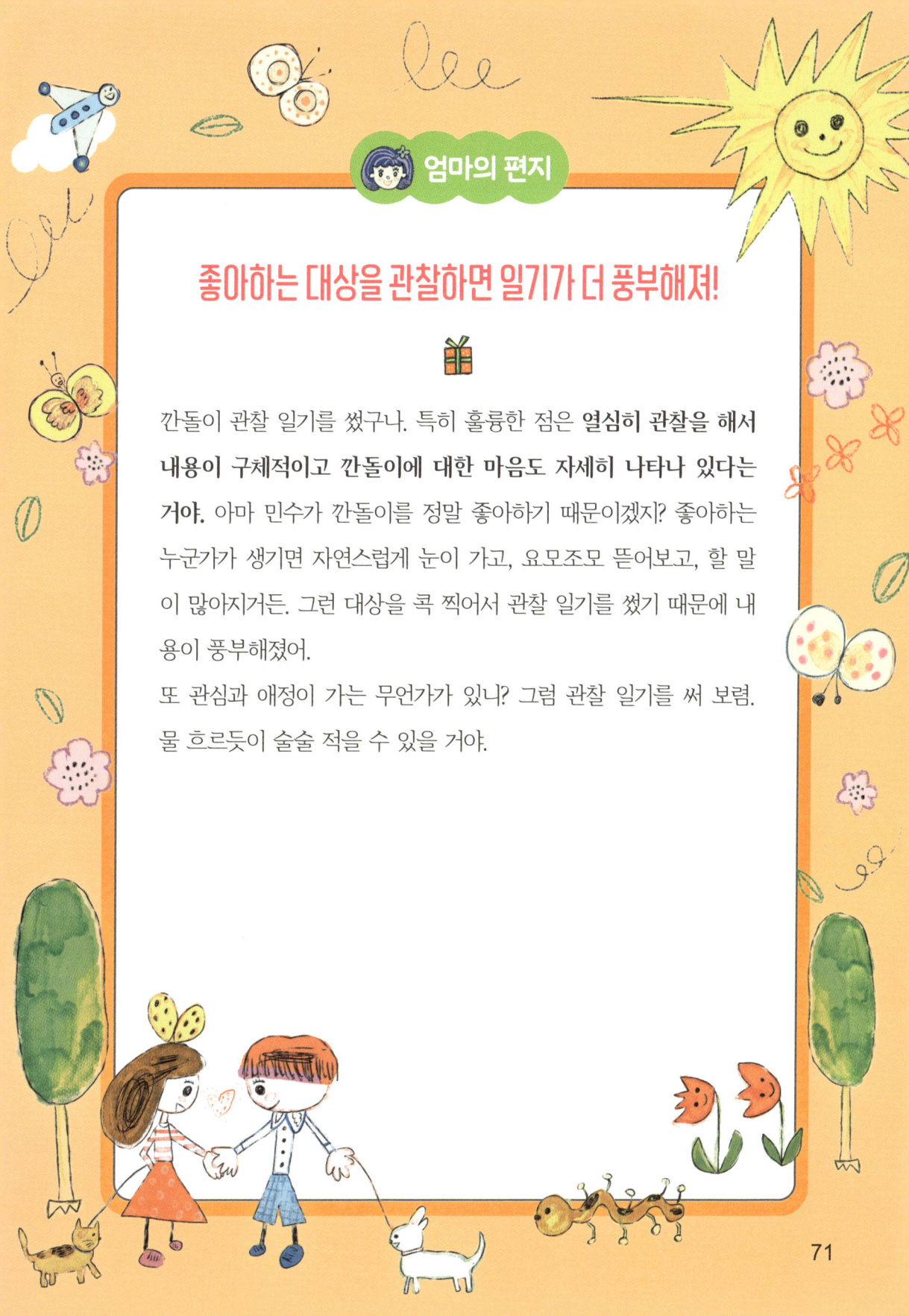

3월

생활

3월 17일
목요일

날씨: 하늘이 잔뜩 찌푸려서 어두운 날

제목: 일기 쓸 게 없다

오늘은 아무리 생각해 봐도 일기 쓸 게 없다. 학교에서도 정말 별다른 일이 없었다. 축구도 안 했고 발표도 안 했다. 집에서도 아무 일이 없었다.

그래도 일기 쓸 만한 걸 억지로 떠올려 보았다.

아침에 일어나서 밥 먹고, 세수하고 양치했다.

학교에 가서 공부를 했다.

경철이랑 태우와 함께 집에 돌아왔다.

집에 온 후에는 빵과 우유를 간식으로 먹었다.

텔레비전을 보면서 깐돌이랑 놀다가 저녁밥을 먹었다.

이런 날은 도대체 무엇을 일기장에 써야 할까?

정말 모르겠다.

엄마의 편지

일기의 종류는 다양하단다!

오늘처럼 무엇에 대해 일기를 써야 할지 통 떠오르지 않는 날도 있어. 그런데 잘 생각해 보면 그런 날에도 쓸 일기는 아주 많아!

먼저 '**식사 일기**'는 **식사 시간에 어떤 음식이 나왔는지, 어떤 맛이 었는지 쓰면 돼.** 특히 좋아하는 반찬에 대해서는 쓸 것이 많아. 왜 그 음식을 좋아하는지, 어떤 맛이 마음에 드는지, 음식을 먹다 보면 떠오르는 추억을 적을 수도 있을 거야.

'**취미 일기**'는 **내가 즐기기 위해서 하는 일, '취미'에 대해 쓰는 일기야.** 민수에게는 여러 가지 취미가 있잖아? 그걸 쓰면 돼. 어떤 취미를 가지고 있는데, 그것을 하는 방법, 필요한 준비물, 주로 하는 시간, 할 때의 기분, 느낀 점 등을 적으면 돼.

'**상상 일기**'는 **내가 평소에 하는 상상을 마음껏 적으면 돼.** 상상한 시간과 장소, 상상하게 된 계기, 상상한 내용, 상상하면서 느낀 기분 등을 쓰면 되겠지.

아무 일이 안 일어난 것처럼 보이는 날에도 일기에 쓸 내용은 얼마든지 있어!

학습 정보 검색

3월 22일 화 요일

날씨: 패딩을 입으니까 조금 더웠음

제목: 세계 물의 날

달력을 봤더니 '세계 물의 날'이라고 적혀 있었다.

그래서 인터넷에 세계 물의 날이 무엇인지 찾아보았다.

지구에 사람이 많아서 물이 더러워지고 마실 물도 줄어드는 데, 이걸 기억하기 위해 만든 날이라고 한다.

"엄마, 물이 점점 없어지고 있어요? 그럼 이제 물 못 마시는 거예요?"

그랬더니 엄마가 "옛날보다는 그렇겠지. 이제부터 물을 아껴 써야지."라고 말씀하셨다.

"물을 어떻게 아끼는데요?"

"음, 손을 씻은 후에 수도꼭지를 꼭 잠가야겠지? 또 샴푸나 린스를 조금만 쓰면 돼."

정말 물이 없어서 밥도 못 짓고 마실 물도 없어지고 씻지도 못하면 어떡하지? 앞으로 조심해야겠다.

엄마의 편지

학습 일기를 써 보자!

엄마가 명절이나 특별한 날을 일기에 꼭 써 보라고 했더니 민수가 달력을 꼼꼼히 보았구나. 또 잘 모르는 날은 알아보려고 애쓰는 모습이 참 기특하다. '세계 물의 날'은 사람들이 잘 모르는 날인데 민수는 용케 알게 되었네.

오늘처럼 **인터넷에서 검색하고 새로운 사실을 알아낸 후 일기에 적는 것도 좋아.** 그러면 '학습 일기'가 되겠지. 지식을 찾아본 시간과 장소, 새로 알게 된 내용, 학습을 한 후 느낀 점 등을 적으면 돼. 오늘 민수는 학교에서 억지로 시켜서 하는 게 아니라 스스로 찾아서 공부를 했구나. 정말 대견하다.

세계 물의 날에 대해 알게 되었으니 민수는 이제부터 물을 아껴 쓰겠지? 그러면 소중한 물과 환경이 점점 깨끗해질 거야.

3월 24일
목요일

날씨: 햇볕은 따스한데 바람은 차가운 날

제목: 누나의 친구

누나의 친구가 놀러 왔다. 이름을 말해 줬는데 까먹었다.

누나 친구는 나를 보더니 "동생아, 과자 사 줄까?"라고 했다. 나는 좋다고 했는데 그 누나가 진짜 밖으로 나가자고 했다. 우리 누나가 진짜 사 줄 거냐고 물었다. 그랬더니 누나 친구가 "용돈을 받아서 돈 있어."라고 했다. 누나한테도 하나 사 주겠다고 했다.

누나랑 누나 친구랑 같이 슈퍼에 갔다. 한참 동안 고민하다가 젤리를 골랐다. 우리는 과자를 하나씩 들고 놀이터로 갔다. 벤치에 과자 봉지를 펼쳐 놓고 다 같이 먹었다. 과자도 젤리도 진짜 맛있었다.

누나 친구가 진짜 고마웠다. 다음에도 같이 놀고 싶다.

엄마의 편지

'진짜'를 대신할 말은 얼마든지 있어!

민영이 친구 이름은 도윤이야. 도윤이가 오늘 과자를 한턱* 냈구나. 도윤이가 놀러 오면 엄마가 잘해 줘야겠어.

다음에 보면 '도윤이 누나'라고 제대로 이름을 불러 줘. 아마 도윤이도 자기 이름을 기억해 주었다며 흐뭇해할 거야.

그런데 오늘 일기에는 '진짜'라는 말이 너무 많이 들어갔지? **똑같은 말이 자꾸 나오면 별생각 없이 그냥 머릿속에 떠오르는 대로 쓴 글처럼 느껴져.**

'진짜'는 '꾸밈이나 거짓 없이 참으로'라는 뜻이야. '진짜'를 대신해서 쓸 수 있는 말에는 '정말로', '참말로', '거짓 없이' 등이 있어.

민수는 '진짜'를 평소에 말할 때도 참 자주 쓰지. 다음에는 '진짜'를 전혀 쓰지 않고 일기를 한번 써 볼래? **대신할 수 있는 단어를 고민하면서 쓰다 보면 문장이 점점 다듬어지고 어휘력도 쑥쑥 늘어날 거야.**

한턱 한바탕 남에게 음식을 대접하는 일.

3월 특별 상상

3월 25일 금 요일
날씨: 잔뜩 흐리고 어두운 날

제목: 나에게 초능력이 생긴다면?

엄마랑 도서관에서 그림책을 몇 권 빌려 왔다. 집에 와서 저녁밥을 먹기 전에 《초능력이 생긴 오리》라는 책을 읽었다. 어느 날 오리 오봉이는 초능력이 생겨서 하늘을 날게 되었다. 숲속 친구들과 잘 지내지 못하다가 초능력을 써서 어려운 친구들을 다 도와주고 모두에게 사랑받는 오리가 되었다.

만일 나에게 초능력이 생긴다면 어떨까? 내가 가장 갖고 싶은 초능력은 아침에 눈 뜨자마자 밥 먹고 씻고 옷 입고 가방 들고 학교에 가 있는 능력이다. 눈 한 번 깜빡하고 교실에 앉아 있으면 좋겠다. 아침에 할 일이 너무 많아서 귀찮기 때문이다.

두 번째로 갖고 싶은 건 이 세상 모든 문제를 다 풀 수 있는 초능력! 모든 시험을 다 백 점 맞을 거다. 그러면 모두 나에게 문제를 내 달라고 하겠지? 이 세상 모든 선생님이

나한테 몰려와서 부탁할 것이다.

세 번째로 갖고 싶은 능력은 바로 하늘을 나는 초능력! 하늘을 날면 어떤 기분일까? 생각만 해도 가슴이 두근거린다. 오리 오봉이처럼 나도 꼭 날아 보고 싶다.

 엄마의 편지

상상은 즐거워!

오늘은 '상상 일기'를 썼구나. **상상하게 된 이유, 장소와 시간, 상상한 내용, 상상하면서 느낀 점** 등이 잘 나타나 있어.

상상 일기를 쓰면 좋은 점들이 많아. 상상력이 자라니까 혼자서도 여러 가지 기분을 느낄 수 있어. 오늘 상상을 하면서 민수가 얼마나 신나고 즐거웠는지 잘 느껴져. 앞으로도 기발하고 다양한 상상 일기, 기대할게!

3월

생활

3월 28일
월 요일

날씨: 비가 촉촉하게 내린 날

제목: 반장, 부반장을 뽑은 날

오늘은 학교에서 반장과 부반장을 뽑았다. 선생님께서 뽑고 싶은 사람이 있으면 손 들고 말해 보라고 하셨다. 나는 태우가 반장이 되면 좋겠다고 말했다. 태우가 책을 많이 읽는다고 경철이가 그랬기 때문이다.

태우는 앞으로 나가서 자기가 반장이 되면 모두 사이좋게 지내는 반을 만들겠다고 했다. 혹시 싸우는 애들이 있으면 자기가 꼭 말리겠다고 했다.

"야, 태우 쟤는 진짜 반장이 되고 싶나 봐?"

승필이가 뒤돌아보며 나한테 말했다.

나는 당연히 태우를 찍었다.

태우는 표가 좀 모자라서 부반장이 되었다.

뿌듯했다. 태우가 멋진 부반장이 되면 좋겠다.

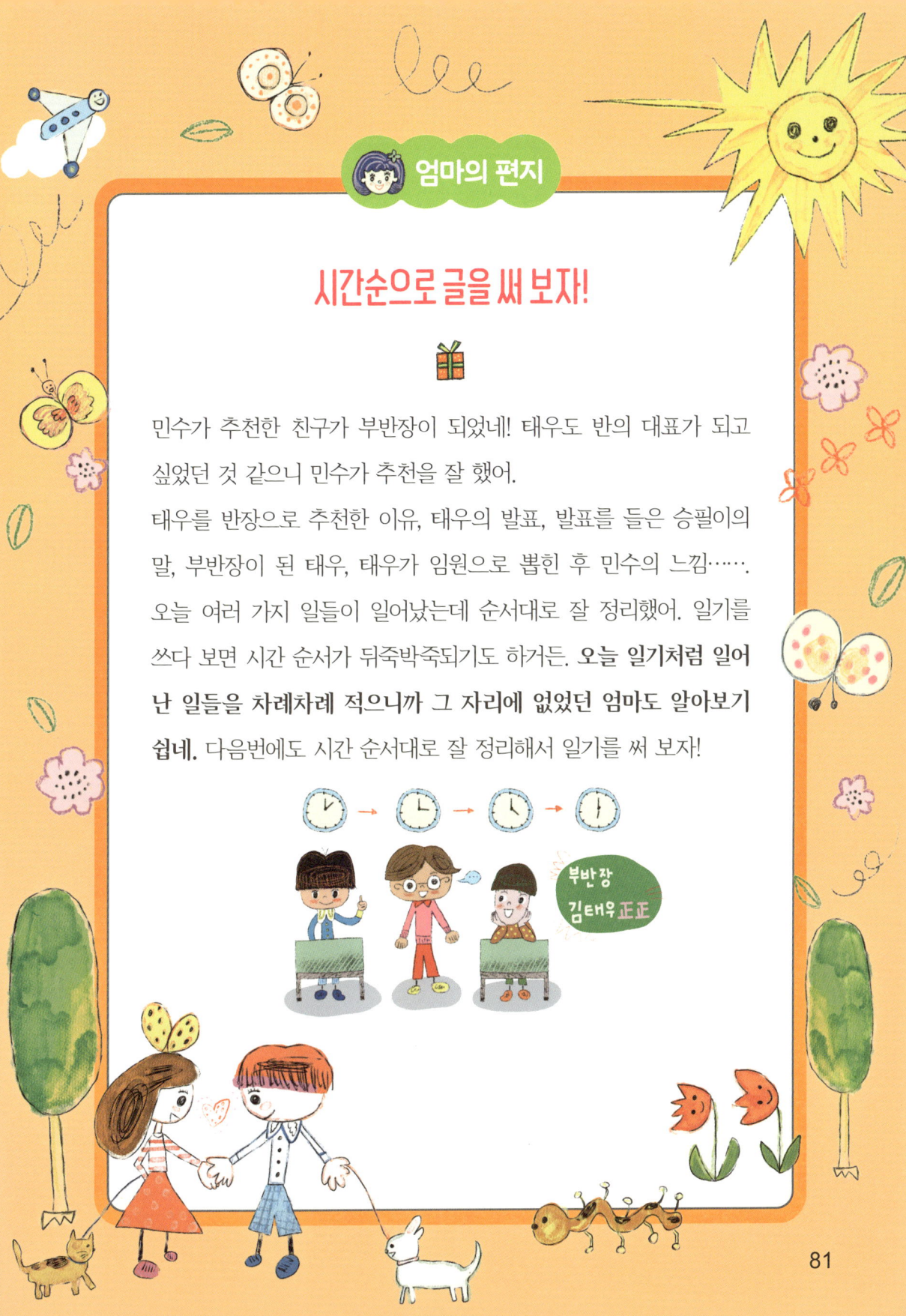

엄마의 편지

시간순으로 글을 써 보자!

민수가 추천한 친구가 부반장이 되었네! 태우도 반의 대표가 되고 싶었던 것 같으니 민수가 추천을 잘 했어.
태우를 반장으로 추천한 이유, 태우의 발표, 발표를 들은 승필이의 말, 부반장이 된 태우, 태우가 임원으로 뽑힌 후 민수의 느낌……. 오늘 여러 가지 일들이 일어났는데 순서대로 잘 정리했어. 일기를 쓰다 보면 시간 순서가 뒤죽박죽되기도 하거든. **오늘 일기처럼 일어난 일들을 차례차례 적으니까 그 자리에 없었던 엄마도 알아보기 쉽네.** 다음번에도 시간 순서대로 잘 정리해서 일기를 써 보자!

나만의 꿀팁

일기의 종류

그날그날 있었던 일들만 글로 적다 보면 어쩐지 지겨울 때가 있어요. 그럴 때는 더 다양한 방법으로 일기를 쓸 수 있어요. 일기의 종류에는 어떤 게 있을까요?

그림일기

일기의 내용을 글로만 적는 게 아니라 그림으로도 표현하는 거예요. 그림이 있으면 주인공이 무엇을 보았는지, 어떤 느낌을 받았는지 한눈에 드러나요. 그래서 글만 있는 일기보다 더 많은 것을 알 수 있어요.

관찰 일기

'관찰'은 무언가를 자세히 바라보고 알아 간다는 뜻이에요. 강낭콩을 심으면 싹이 트고 줄기가 뻗어 나와요. 하루하루 자라는 과정을 써 나가면 관찰 일기가 되는 거예요. 사람, 식물이나 동물, 물건, 자연 등 무엇이든 관찰할 수 있어요.

관찰 일기를 쓸 때는 보고 듣고 냄새 맡고, 체험한 내용처럼 '사실'을 먼저 써요. 그리고 무엇을 느꼈는지 '감정'과 '생각'도 적습니다.

감상 일기

영화, TV 프로그램, 연극, 그림, 노래……. 우리는 수많은 작품을 보면서 살아가요. 한번 쓱 보고 잊어버리기 전에 일기에 적어 보세요. 무엇을 보았는지, 어떤 내용이었는지, 보고 무슨 느낌을 받았는지 차근차근 쓰는 거예요. 그러면 훌륭한 감상 일기가 돼요.

독서 일기

책을 읽은 후 그 책에 대한 감상문을 일기에 적으면 '독서 일기'가 돼요. 책의 제목, 내용을 먼저 쓴 후 내가 무엇을 느끼고 어떤 생각을 했는지 적어 보세요. 특히 책은 글로 이루어져 있기 때문에 일기로 한 번 더 정리하면 내용이 더 잘 이해되고 오래도록 기억에 남아요.

동시 일기

시는 많은 뜻을 짧은 글에 담아내는 작품이에요. 동시는 어린이가 지은 시, 혹은 어린이의 마음을 담은 시예요. 그날의 일을 일기로 쓸 때 구구절절 설명할 수도 있지만 때로는 짧은 시 한 편으로 대신할 수도 있어요.

편지 일기

　외국에서는 일기장을 나의 친구로 생각하고 일기장에게 편지를 보내는 식으로 일기를 쓰기도 해요. '일기장에게 / 오늘 어떤 일이 있었어. / 난 깜짝 놀랐지.' 이렇게요.

　누군가에게 나의 소식을 전하듯이 일기를 써 보세요. 멀리 사는 친구나 친척, 뭔가 할 말이 있는 대상에게 편지를 하듯이 일기를 쓰는 것을 '편지 일기'라고 합니다.

4월의 일기

| 11월 2일 토요일 | 날씨: 조끼를 입으면 덥고 벗으면 추운 날 |

제목: 내가 좋아하는 것

방과 후 수업 시간에 한 명씩 돌아가면서 발표를 했다.

'내가 좋아하는 것'을 하나씩 말했다.

엄마, 아빠, 누나, 깐돌이, 주먹밥, 돈가스, 축구, 축구공, 갈색 코트, 티라노사우루스, 스티커…….

나는 좋아하는 게 너무 많았다. 선생님이 좋아하는 이유를 써 보라고 하셨다.

나는 외쳤다.

"그냥 다 좋아요!"

반 친구들이 와하하 웃었다.

엄마의 편지

좋아하는 것에 대해 써 보자!

음, 맞는 말이야. 엄마도 민수를 정말 좋아하는데, 그 이유를 말해 보라고 하면 하나만 댈 수 없을 것 같아. 그냥, 다 좋으니까!

그런데 돈가스나 갈색 코트 같은 건 좋아하는 이유를 말할 수 있을 것 같은데? 돈가스는 고소하고 맛있어서, 갈색 코트는 색깔이 마음에 들어서 등등 좋아하는 이유가 분명히 있을 거야.

다음에는 민수가 **좋아하는 물건들과 그 이유에 대해 일기를 쓰면 어떨까?** 그것 또한 훌륭한 일기 소재가 될 수 있단다.

일기 쓸 게 없는 날에 한번 적어 봐.

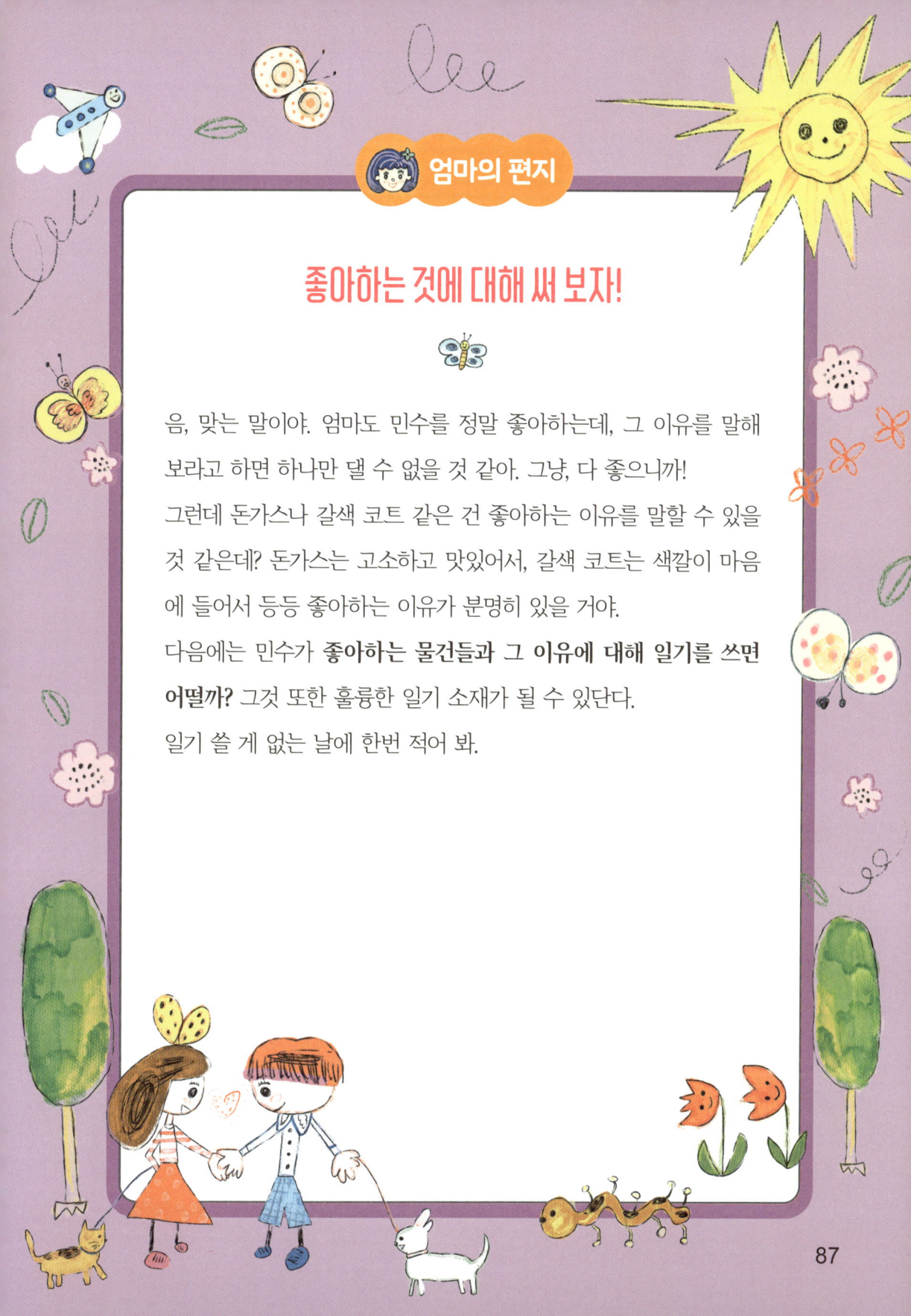

4월 **기념일** 식목일

4월 5일
화 요일

날씨: 해님이 방실방실 웃는 날

제목: 씨앗을 심다

오늘은 식목일이었다. 식목일은 나무를 심는 날이다.

학교에 갔다 왔더니 화분이랑 씨앗이 든 봉투가 있었다. 엄마가 식목일이라서 사 놓았다고 했다.

"이건 강낭콩이랑 쑥갓 씨앗이야. 민수랑 민영이가 하나씩 심어 봐."

"와, 이걸 흙속에 심으면 정말 나무가 되는 거예요?"

누나가 물었다.

엄마는 "나무처럼 커지진 않아도 아마 싹은 날 거야."라고 하셨다.

베란다에 신문지를 깔고 화분에 흙을 담았다. 그리고 흙을 조금 파낸 후 그 안에다 씨앗을 묻고 다시 흙으로 덮었다.

물도 듬뿍 주었다.

"언제쯤 싹이 날까요?"

엄마는 며칠은 기다려야 한다고 하셨다. 그런데 자꾸만 들여다보게 된다. 베란다를 몇 번이나 들락날락했다.

빨리빨리 자라라!

 엄마의 편지

그림을 그려 보자!

씨앗에서 어서 싹이 트길 바라는 마음이 잘 느껴져.
'언제쯤 싹이 날까요?', '빨리빨리 자라라!'
이 두 문장을 보면 민수의 마음을 느낄 수 있어서 좋아.
강낭콩이 어떻게 자랄지 많이 기대되지? 그럼 **강낭콩이 자라난 모습을 상상해서 그림을 그려 보면 어떨까?**
민수가 지금 상상하는 모습이랑 실제 모습을 나중에 비교해 보면 정말 재미있을 거야!

4월 6일
수요일

날씨: 기분이 살랑살랑 좋아질 만큼 따뜻했던 날

제목: 누나

누나가 학교에서 상을 받아 왔다. 엄청 자랑을 했다. 처음에는 엄마한테 말하고, 다음에는 나한테 말하고, 고양이한테도 말했다. 아빠가 저녁 늦게 왔는데 아빠를 보자마자 상을 받았다고 또 말했다. 칭찬을 받고 싶은 것이다.

누나는 늘 이런 식이다. 자랑하고 칭찬받고, 자랑하고 칭찬받고…….

왜 저러나 싶을 때도 있고, 부러울 때도 있다.

누나는 매일 공부를 한다. 엄마는 누나가 공부하고 있으면 나 보고 "조용히 놀아라."라고 말씀하신다.

누나가 선생님께 "칭찬받았다.", "상 받았다."라고 자랑할 때면 나는 어쩐지 마음이 조그마해진다.

언젠가 나도 상을 받으면 꼭 자랑해야지.

엄마의 편지

비유 표현을 써 보자!

오늘은 누나에 대해 일기를 썼네. **누나가 하는 행동을 오랫동안 지켜보고 느낀 걸 자세히 써서** 모르는 사람이 봐도 누나가 어떤 행동을 하는지, 그런 행동을 할 때 민수가 어떤 느낌인지 잘 알 수 있었어.

특히 '마음이 조그마해진다'는 표현이 참 멋진데. 상을 못 받아서 어쩐지 움츠러들고 풀이 죽은 기분을 잘 나타내었어.

만약 '마음이 좁쌀처럼 조그마해진다'라고 썼으면 '비유법'을 쓴 거야. 마음을 '좁쌀'에 빗대어 표현한 거지. **'~처럼' '~같이'** 이런 단어가 **들어가면 '비유법이구나.'라고 생각하면 될 거야.**

만일 설레는 기분이라면, '나비같이 춤추는 기분이다' '마음이 풍선처럼 둥실둥실 하늘 높이 솟아오른다'와 같이 표현할 수도 있겠지? 모두 마음에 확 와닿는 표현들이야.

민수가 당장 상을 못 받아도 괜찮아. 엄마는 이런 훌륭한 표현을 정말 칭찬해!

4월

특별 스크랩

4월 7일
목요일

날씨: 나뭇잎들이 햇빛을 받아서 반짝반짝 빛난 날

제목: 소영이의 쪽지

오늘은 그림 그리는 수업을 했다.

수업을 하기 전, 쉬는 시간에 짝꿍 소영이가 말했다.

"민수야, 너 지우개 하나 남는 거 있니? 나 잃어버렸어."

나는 마침 지우개가 두 개 있어서 한 개를 주었다.

"고마워."

곧 미술 시간이 되었다.

그런데 소영이가 쪽지를 하나 주었다.

쪽지를 버릴 수 없어서 집에 가지고 왔다.

집에서도 버리기가 좀 그래서 일기장에 붙이기로 했다.

민수야, 고마워.
잘 쓸게.
-소영이가

엄마의 편지

일기는 또 다른 스크랩북!

쪽지를 일기에 붙이니까 아주 좋은데? 앞으로도 이렇게 **그날 있었던 일과 관계가 있는 작은 물건들을 일기에 붙여 봐.** 쪽지, 스티커, 영화표, 기차표, 사진 등등…….

작은 메모, 신문과 잡지에서 오려 낸 글이나 사진이 담긴 종이들, 우표 등을 모아서 책처럼 만드는 것을 '스크랩북'이라고 해. 다시 보고 싶은 자료들만 따로 모아 놓는 거지. 그러면 그날의 분위기가 어땠는지 바로 전해져서 좋단다.

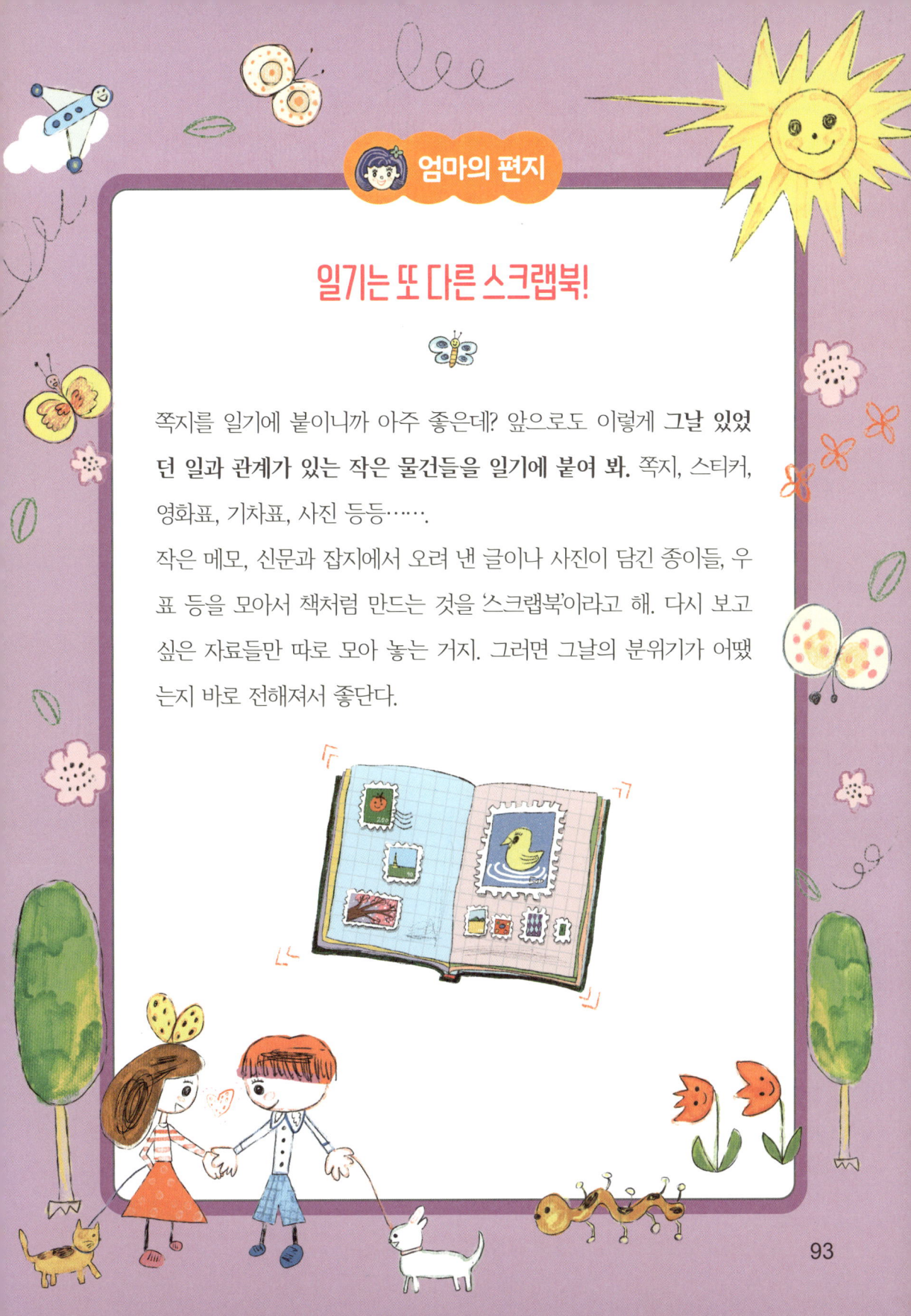

4월 11일
월 요일
날씨: 따뜻한 바람이 귓가를 간질이던 날

제목: 태권도 학원

학원에 가면서 '가기 싫다'라고 속으로 열 번 넘게 생각했다.

그런데 학원에서 태권도를 하다 보니까 그 생각이 금방 사라졌다.

2학년 형이 발차기를 하다 넘어져서 다들 웃었다. 그런데 나도 돌려차기를 하다 넘어졌다. 잘 안 되어서 크게 한 바퀴 돌았더니 발을 올리기도 전에 몸이 붕 떠올랐다. 정신을 차리기도 전에 바닥에 떨어졌다.

'쿵!'

소리는 크게 났지만 별로 아프지는 않았다. 그래서 웃으면서 툭툭 털고 일어났다.

내가 배우는 것 중에 태권도가 제일 재미있다. 검은 띠까지 꼭 따고 싶다.

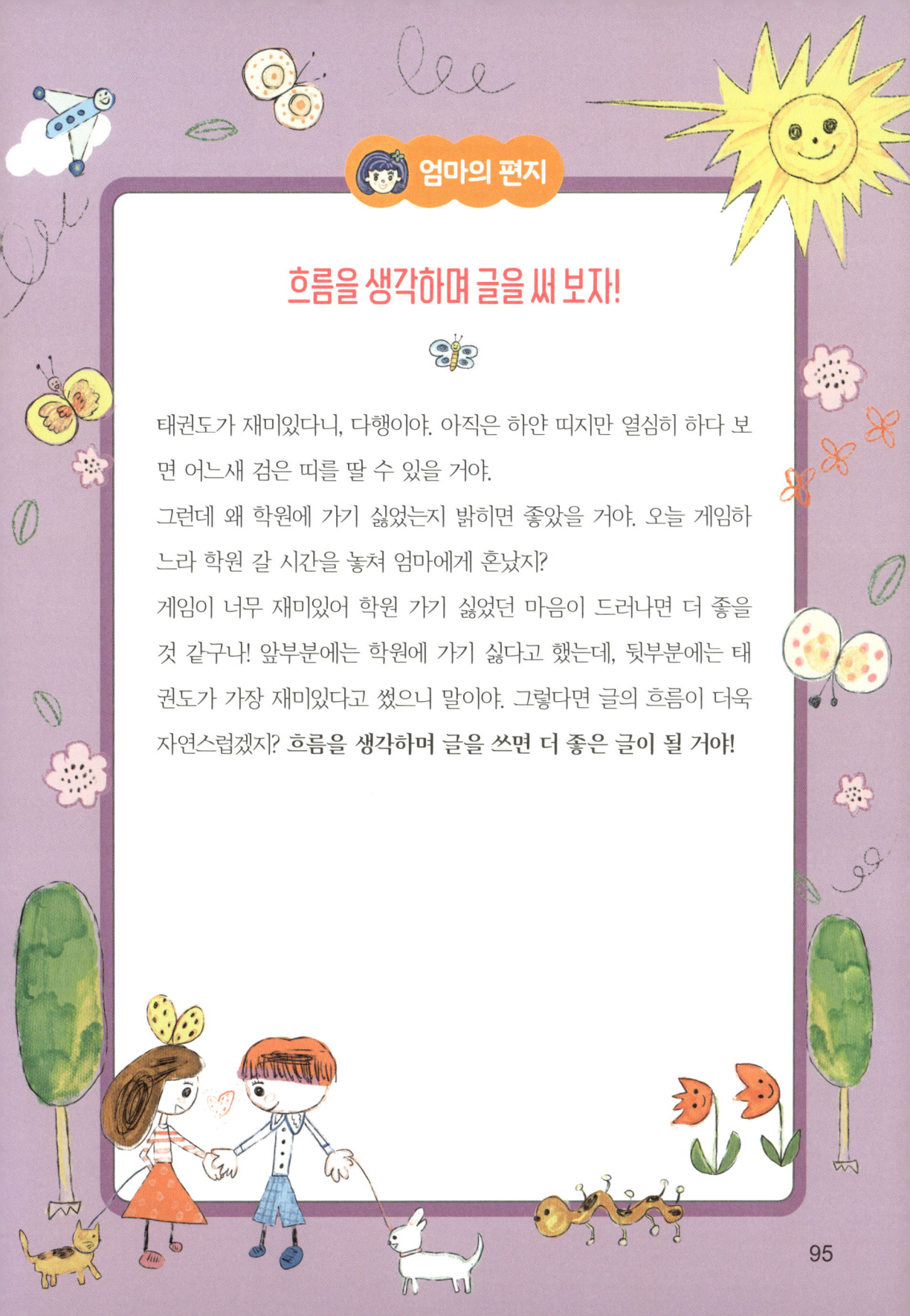

엄마의 편지

흐름을 생각하며 글을 써 보자!

태권도가 재미있다니, 다행이야. 아직은 하얀 띠지만 열심히 하다 보면 어느새 검은 띠를 딸 수 있을 거야.

그런데 왜 학원에 가기 싫었는지 밝히면 좋았을 거야. 오늘 게임하느라 학원 갈 시간을 놓쳐 엄마에게 혼났지?

게임이 너무 재미있어 학원 가기 싫었던 마음이 드러나면 더 좋을 것 같구나! 앞부분에는 학원에 가기 싫다고 했는데, 뒷부분에는 태권도가 가장 재미있다고 썼으니 말이야. 그렇다면 글의 흐름이 더욱 자연스럽겠지? **흐름을 생각하며 글을 쓰면 더 좋은 글이 될 거야!**

4월

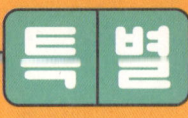

특별 상상

11월 14일 목요일

날씨: 하늘이 비를 내릴까 말까 고민을 많이 해서 흐렸던 날

제목: 만약 내가 고양이가 된다면?

저녁밥을 먹은 후 깐돌이와 함께 놀았다. 턱이랑 머리를 쓰다듬어 주자 눈을 감고 잠을 자려고 했다.

만약 나도 깐돌이처럼 고양이가 되면 어떨까?

우선 집에서 사는 고양이인지, 집 밖에서 사는 고양이인지에 따라서 완전히 다를 것 같다.

밖에서 산다면? 여름에는 너무 덥고, 겨울에는 너무 추울 것 같다. 먹을 것을 구하기도 힘들겠지. 그래도 사람이 갈 수 없는 곳들을 마음껏 돌아다니지 않을까? 산에도 가고 바다에도 가고. 매일매일 놀러 다녀야지!

집에서 산다면? 너무너무 좋을 것 같다. 간식을 많이 챙겨 달라고 주인한테 말해야겠다. 학교도 학원도 안 가고 만날 누워 있겠지?

그런데 친구가 없으면 조금 외로울 것 같다.

깐돌이도 내가 학교에 간 사이에 혼자 있으면 외로울까?

내가 더 잘 대해 줘야겠다.

 엄마의 편지

다른 사람의 입장을 생각하며 글을 써 보자!

오늘은 '상상 일기' 중에서도 입장을 바꾸어 보는 일기를 썼구나. 내가 만약 어떤 동물로 태어난다면, 어떤 식물이라면, 내가 만약 다른 누군가가 된다면…….

다른 생명체로 태어난다고 생각하고 글로 정리해 보면 그의 입장을 더 잘 이해할 수 있지. 그리고 **'나라면 이 상황에서 어떻게 할까?'** 차근차근 생각하는 힘이 커질 수 있어.

생활

4월 17일
일 요일

날씨: 내 기분만큼 맑고 환한 날

제목: 외할머니 생신

외할머니 생신이었다. 외할머니 집으로 갔다.

엄마가 누나랑 나한테 카드만 써 가면 된다고 했다. 그래서 생신 축하 카드를 썼다. 엄마는 케이크를 가져갔다.

외할머니께서 중국 음식을 좋아하신다고 해서 우리 모두 중식당으로 갔다. 자리에 앉았더니 냉채, 난자완스, 양장피가 나왔다. 음식이 한꺼번에 나오지 않고 하나씩 계속 나왔다. 이런 걸 코스 요리라고 부른다고 엄마가 말해 주었다.

사촌 누나가 정말 맛있다고 했다. 나도 엄청나게 많이 먹었다. 진짜 다 맛있었다.

엄마의 편지

맛을 다양하게 표현해 보자!

외할아버지와 외할머니 생신 땐 집에서 차려 먹지 않고 늘 외식을 하지. 민수도 그래서 신났을 거야. 오늘 요리의 맛을 '**진짜 다 맛있었다.**'라고 표현했구나. 우리는 음식을 먹고 나면 보통 '맛있었다', '맛없었다' 정도로만 표현하지. 그런데 **맛도 얼마든지 다양하게 표현할 수 있어.**

맛에는 신맛, 쓴맛, 짠맛, 단맛, 감칠맛, 매운맛, 고소한 맛 등 여러 가지가 있잖아. '**탕수육 소스는 새콤달콤했다.**' '**난자완스는 고소하고 감칠맛이 뛰어났다.**' 등으로 좀 더 구체적으로 표현할 수 있어. 어떤 음식에 무슨 맛이 났는지, 그 맛을 보고 무엇을 느꼈는지 더 구체적으로 써 보렴.

4월

생활

4월 19일
화 요일

날씨: 하늘이 바닷물처럼 파랗고 맑은 날

제목: 벚꽃놀이

누나가 "우리도 벚꽃놀이 가자."라고 말했다.

엄마는 멀리는 못 가도 뒷산에 가는 건 좋다고 했다. 산에 올라가야 하니까 운동복으로 갈아입으라고 했다.

누나는 물통을, 나는 젤리를 들고 엄마랑 산에 올라갔다.

산책길을 따라서 벚꽃이 활짝 피어 있었다. 꽃잎이 사락사락 떨어지고 있었다.

"우아, 진짜 예쁘다. 너무 행복해."

누나가 말했다. 우리는 나무 하나하나를 보면서 천천히 걸어갔다. 가다가 큰 벚꽃 나무가 있어서 그 밑에 앉았다. 나는 누워서 나무를 올려다보았다.

벚꽃이 눈 안에 가득 차서 분홍빛 세상에 온 것 같았다.

엄마의 편지

계절을 색으로 표현해 보자!

4월에 피는 벚꽃은 정말 예쁘지.

'**벚꽃이 눈 안에 가득 차서 분홍빛 세상에 온 것 같았다.**'

엄마는 민수가 쓴 이 문장이 벚꽃보다 더 아름다운 것 같아. 읽는 사람의 마음도 분홍빛으로 물들이는, 정말 뛰어난 표현이야!

그날의 날씨나 계절을 색으로 표현하는 것도 좋아. 비 오는 날은 회색빛, 여름은 짙은 초록색 등으로 쓸 수 있겠지? 깊은 밤은 검은 색일까, 남색일까, 고동색일까? 민수가 어떻게 느끼는지 엄마는 궁금하네.

4월 여행 / 소풍

11월 22일 금요일
날씨: 바람이 솔솔 불고 햇살이 따가운 날

제목: 소풍 가는 날

엄마가 아침부터 김밥을 싸 주셔서 두 줄이나 먹었다.

사 먹는 김밥보다 엄마 김밥이 내 입에 꼭 맞는다.

당근을 안 넣으니까 정말 좋다.

버스를 타고 수정대공원에 갔다. 대공원에는 뱅뱅 열차가 있다. 경철이랑 제일 먼저 뱅뱅 열차를 타러 달려갔다.

우리가 탄 열차는 빙글빙글 돌았다. 경철이는 소리를 질렀다.

나는 좀 어지러워서 손바닥으로 열차를 막 두들겼다.

무서워하며 내렸는데 금방 또 타고 싶었다.

점심을 먹고 동물원에 갔다. 코끼리가 공룡만큼 커다랬다.

나는 어른이 되면 집에서 코끼리를 꼭 키우고 싶다.

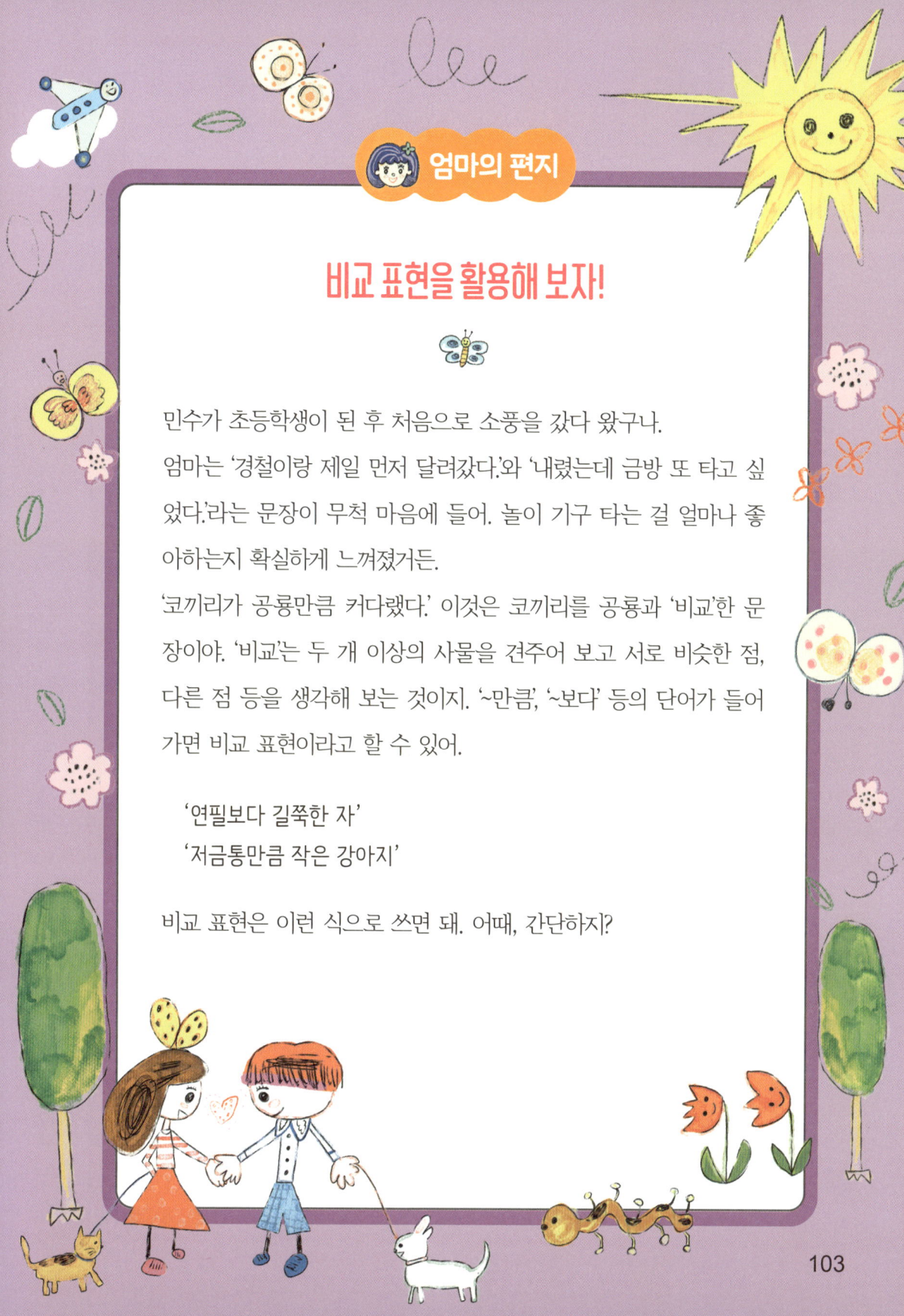

엄마의 편지

비교 표현을 활용해 보자!

민수가 초등학생이 된 후 처음으로 소풍을 갔다 왔구나.
엄마는 '경철이랑 제일 먼저 달려갔다.'와 '내렸는데 금방 또 타고 싶었다.'라는 문장이 무척 마음에 들어. 놀이 기구 타는 걸 얼마나 좋아하는지 확실하게 느껴졌거든.
'코끼리가 공룡만큼 커다랬다.' 이것은 코끼리를 공룡과 '비교'한 문장이야. '비교'는 두 개 이상의 사물을 견주어 보고 서로 비슷한 점, 다른 점 등을 생각해 보는 것이지. '~만큼', '~보다' 등의 단어가 들어가면 비교 표현이라고 할 수 있어.

'연필보다 길쭉한 자'
'저금통만큼 작은 강아지'

비교 표현은 이런 식으로 쓰면 돼. 어때, 간단하지?

4월

생활

11월 27일
수요일

날씨: 더운 바람이 잠시 불었던 날

제목: 승필이네 집

승필이가 자기 집에 가서 놀자고 했다. 그래서 경철이, 태우랑 같이 놀러 갔다.

승필이는 태블릿 PC로 게임을 했다. 맨 처음에는 승필이가 하고 그다음에는 나, 태우, 경철이가 했다. 한 번에 한 사람씩만 하니까 시간이 너무 오래 걸렸다.

그런데 태우가 자기 스마트폰으로 게임을 다운받아서 같이 할 수 있다고 했다. 태우는 금방 다운받아서 승필이랑 같이 게임을 했다.

둘씩 하니까 더 재미있었다. 나는 너무 빨리 죽었다. 더 하고 싶은데 집에 갈 시간이 되었다.

나는 태블릿 PC도 스마트폰도 없다. 엄마, 둘 다 진짜 진짜 갖고 싶어요.

엄마의 편지

제목에 좀 더 신경 쓰자!

어쩐지 오늘따라 유난히 태블릿 PC랑 스마트폰을 갖고 싶다고 조르더라니. 승필이네 집에서 게임을 했구나. 스마트폰이랑 노트북으로 게임하는 시간이 정해져 있는데……. 사실 잘 안 지켜지고 있잖아, 그렇지? 태블릿 PC랑 스마트폰을 갖게 되면 시도 때도 없이 게임을 할까 봐 엄마, 아빠는 좀 걱정돼. 민수가 게임을 하루에 딱 30분만 한다면, 태블릿 PC를 살 생각도 있어. 그러니까 앞으로 더 시간을 잘 지키고 믿음직한 모습을 보여 주렴.

오늘 일기는 게임에 대한 내용이 더 많은데 제목을 '승필이네 집'으로 지었구나. **글의 제목과 내용이 다르니까 서로 동떨어진 것처럼 느껴져.** 글의 내용과 더 잘 맞는 제목을 다시 한번 고민해 볼래? 일기에서 가장 드러내고 싶은 내용, 가장 많이 적은 사건이나 대상 등을 제목으로 쓰면 돼. (엄마라면, 제목을 〈스마트폰이나 태블릿 PC로 게임하기〉라고 지을 것 같아.)

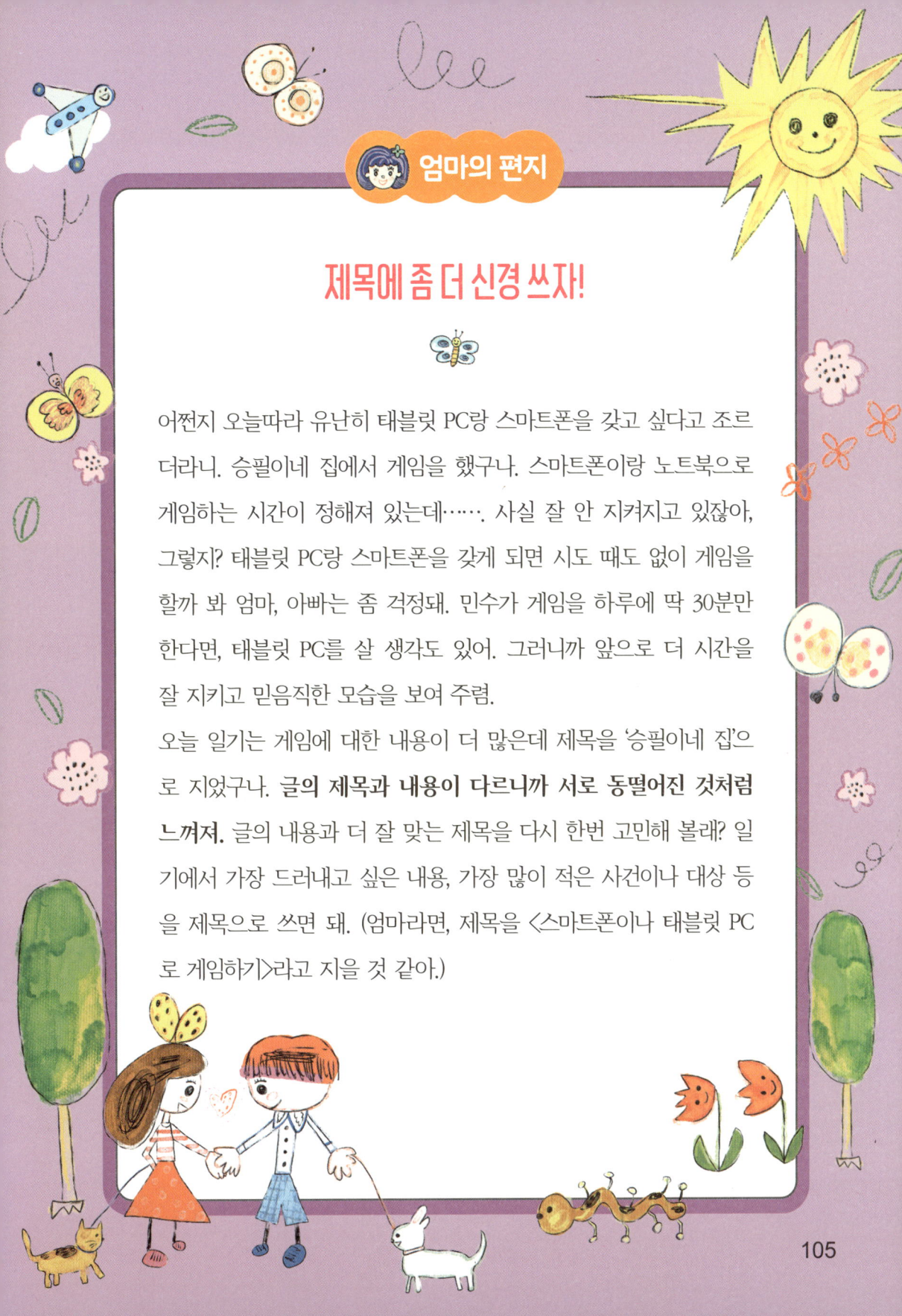

나만의 꿀팁

일기의 글감 구하는 법

우리는 매일 비슷비슷한 하루를 보내는 것처럼 느껴져요. 하지만 우리의 얼굴이 다 다르듯이 같은 일을 겪어도 각자 느끼는 감정이나 생각은 모두 달라요. 하루에 일어난 일들을 곰곰이 생각해 보면 다른 날과 똑같은 하루는 없어요. 특별한 글감을 찾고 싶다면 세 가지를 생각해 보세요.

시간

우리는 매일 아침, 점심, 저녁 시간을 보내요. 각 시간을 나누어서 일어난 일들을 떠올려 보세요. 시간을 나누어서 생각해 보면 어느 때 무슨 일이 있었는지 좀 더 자세히 알 수 있어요. 그 가운데 여느 날과는 다른 일이 일어난 때가 분명 있을 거예요. 그때를 일기로 쓰면 돼요.

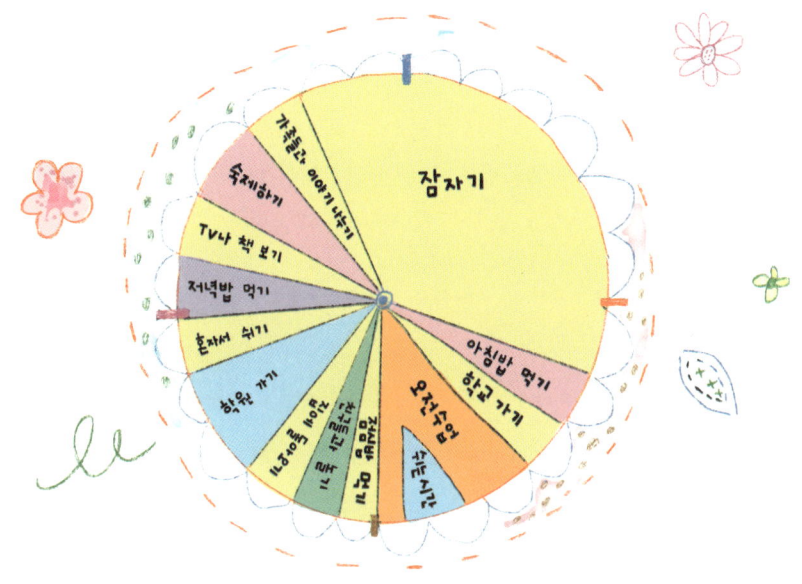

장소

　친구네 집에 놀러 가거나 체험 학습, 소풍을 가거나 외식을 하러 가는 등, 보통 때는 못 가는 곳에 갈 때도 있어요. 그곳에 간 일 자체가 일기의 좋은 글감이에요. 그런데 늘 가는 곳에만 갔던 날, 집이나 학교에만 있었던 날에는 어떻게 글감을 구할까요?

　오늘 내가 있었던 곳들을 하나하나 떠올려 보세요. 집, 학교 교문, 운동장, 교실, 복도, 골목길, 학원, 놀이터, 내 방, 부엌, 거실, 화장실……. 이렇게나 많은 곳에 내가 있었어요. 그 가운데 특별히 겪은 일이 없다면 내가 자주 가는 장소를 소개해 보는 것은 어떨까요? 그곳에서 겪은 일을 일기에 적으면 돼요.

만남

반려동물을 키우게 된 날, 처음으로 인사를 나눈 친구, 전학 온 친구, 친척들이 놀러 온 날 등, 누군가를 처음으로 만난 날이 있어요. 만남도 일기의 훌륭한 글감이에요. 그 누군가와 무슨 관계인지, 어떻게 만났는지, 무슨 말을 나누고 어떤 일을 했는지 일기에 적어 보세요.

그런데 늘 알고 지내는 사람만 보는 날이 더 많지요. 그럴 때는 오늘 만난 사람들을 한 명씩 떠올려 봐요. 똑같은 사람을 만나도 우리는 매일 다른 이야기를 나누어요. 하는 행동도 조금씩 다르고요. 그 사람의 말, 행동, 함께한 일들……. 만나서 겪은 일을 떠올리다 보면 일기에 쓸 내용이 저절로 생각날 거예요.

상상

정말 일기에 쓸 글감이 없을 때는 내가 평소에 하는 상상을 쓸 수도 있어요. 오늘 했던 상상을 일기에 마음껏 적어 보는 거예요. 엉뚱한 상상이라도 훌륭한 글감이 될 수 있답니다.

언제 어디에서 어떤 이유로 상상을 시작했는지 적고요. 상상의 내용도 적어 보세요. 그 상상을 하면서 무엇을 느꼈는지, 어떤 생각을 했는지도요. 상상한 내용을 일기에 적는 것을 '상상 일기'라고 합니다.

5월의 일기

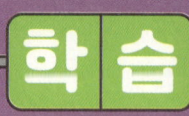

5월 1일	날씨: 아침에는 흐리다가 점심때 햇빛이 쨍쨍
일 요일	

제목: 강낭콩과 쑥갓

갑자기 생각났다.

'아, 참! 식목일에 강낭콩이랑 쑥갓을 심었지!'

베란다로 나가서 화분을 봤다.

세상에, 줄기랑 잎이 많이 자랐다.

"엄마, 언제 이렇게 싹이 났어요?"

"한 2주일 전에. 그때부터 물을 열심히 줬더니 금방 자랐네."

쑥갓이 강낭콩보다 키가 훨씬 더 컸다.

그런데 누나가 씨앗을 너무 많이 심어서 화분에 싹이 가득 나 있었다. 조금 징그러웠다.

강낭콩은 세 개 중에 두 개가 싹이 텄다. 하나는 내 손바닥만큼 길었고 하나는 손가락만 했다.

꼬불꼬불한 줄기를 따라서 작은 잎이 쑥쑥 나 있었다. 참 귀엽게 생겼다.

 엄마의 편지

관찰 일기의 장점은?

오늘은 멋진 관찰 일기를 썼네. 조금씩 자라는 식물을 관찰하고 일기에 쓰면, **시간이 흐르면서 쓸거리가 자연스럽게 생긴단다.** 관찰 일기만 봐도 몇 달 동안 강낭콩과 쑥갓이 얼마나 자랐는지 알 수 있어. 그림까지 넣으면 더 확실히 알 수 있고. **그림을 그리다 보면 더 꼼꼼히, 빠짐없이 관찰하게 되지.** 어때, 귀찮게만 생각했던 관찰 일기는 장점이 참 많지?

생활

5월 3일
화 요일

날씨: 맑고 따뜻했음

제목: 층간 소음

누나가 문구점에서 탱탱볼을 사 왔다. 누나는 학교에서 친구들이랑 놀던 대로 바닥에 공을 통통 튀겼다. 탱탱볼은 금방 높이 올라가서 천장에 부딪혔다. 누나에게 나도 해 보고 싶다고 졸랐다. 우리는 탱탱볼을 여기저기 던지며 놀았다. 엄마가 마트에 가신 틈을 타서 신나게 공놀이를 했다.

한참을 놀고 있는데 현관에서 벨이 울렸다. 인터폰을 받아 보니 "아랫집에서 왔습니다."라고 했다.

누나랑 나는 움찔했다.

현관문을 열어 보니 머리카락이 짧은 아주머니가 계셨다. 쿵쿵 소리가 계속 난다며 혹시 뭘 하고 있느냐고 물어보셨다. 누나는 동생이랑 공을 가지고 놀았다며, 죄송하다고 사과했다.

아주머니는 "공놀이는 놀이터에서 하면 좋겠다, 조심해 주렴." 하고 부탁한 뒤 내려가셨다.

그런데 아주머니가 막 가려는데 엄마가 오셨다.

결국 일어난 일들을 다 알게 된 엄마는 속상해하셨다.

"층간 소음이 얼마나 괴로운데! 다음부터 집 안에서 공놀이는 안 돼, 알았어?"

사실 우리 윗집에도 아기가 두 명이나 있다. 그래서 천장이 막 울릴 때도 있다. 그럴 때 나도 짜증이 좀 났다.

아랫집 아주머니도 나처럼 짜증 나셨겠지? 내가 잘못한 게 맞다.

앞으로 이웃들을 괴롭히지 말아야지.

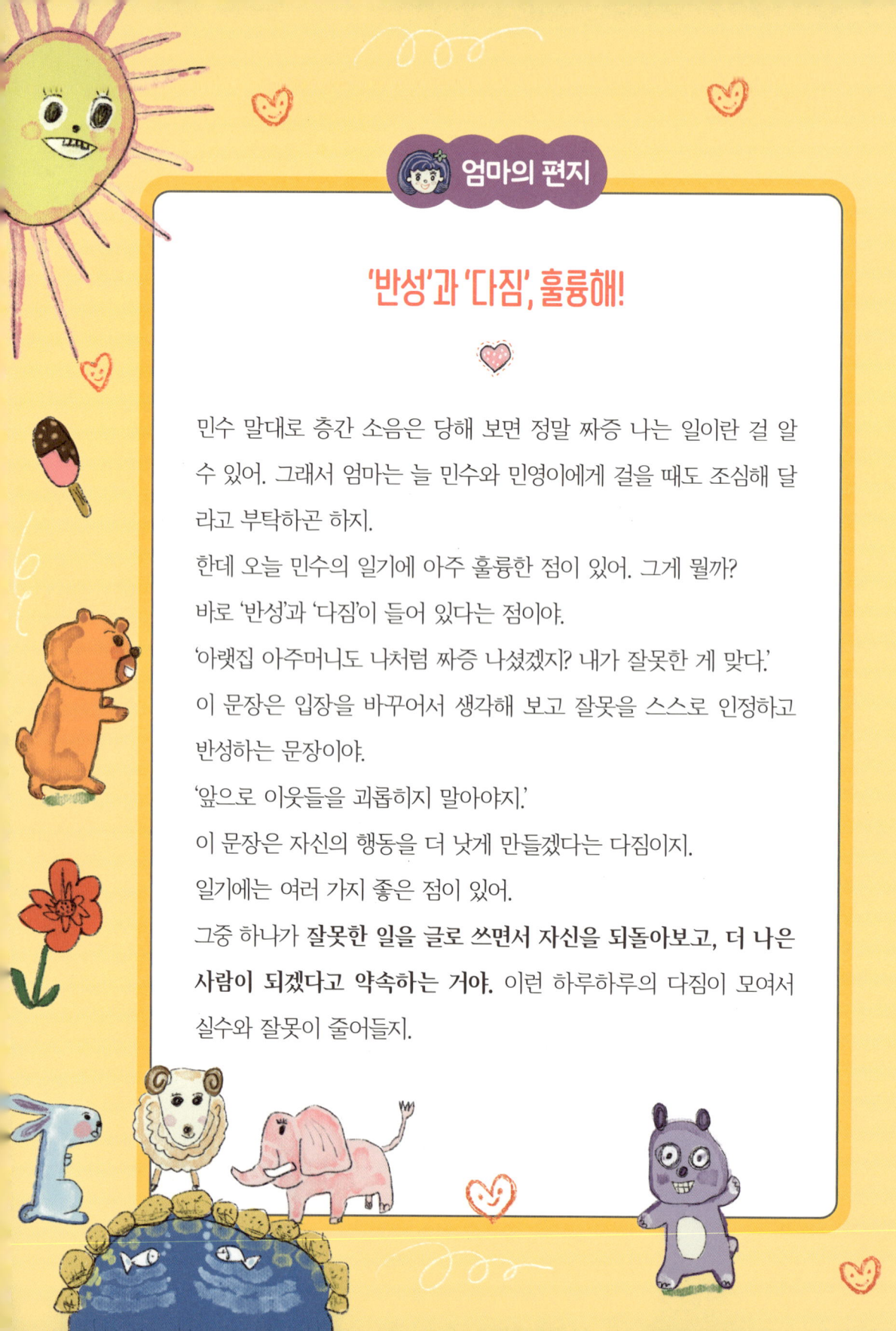

엄마의 편지

'반성'과 '다짐', 훌륭해!

민수 말대로 층간 소음은 당해 보면 정말 짜증 나는 일이란 걸 알 수 있어. 그래서 엄마는 늘 민수와 민영이에게 걸을 때도 조심해 달라고 부탁하곤 하지.

한데 오늘 민수의 일기에 아주 훌륭한 점이 있어. 그게 뭘까?

바로 '반성'과 '다짐'이 들어 있다는 점이야.

'아랫집 아주머니도 나처럼 짜증 나셨겠지? 내가 잘못한 게 맞다.'

이 문장은 입장을 바꾸어서 생각해 보고 잘못을 스스로 인정하고 반성하는 문장이야.

'앞으로 이웃들을 괴롭히지 말아야지.'

이 문장은 자신의 행동을 더 낫게 만들겠다는 다짐이지.

일기에는 여러 가지 좋은 점이 있어.

그중 하나가 **잘못한 일을 글로 쓰면서 자신을 되돌아보고, 더 나은 사람이 되겠다고 약속하는 거야.** 이런 하루하루의 다짐이 모여서 실수와 잘못이 줄어들지.

앞으로의 일기에도 반성할 점을 솔직히 적고, 야무지게 다짐하면서 점점 멋진 사람이 되면 좋겠어!

5월 기념일 — 어린이날

5월 5일 목요일
날씨: 반팔을 입었더니 시원한 바람이 느껴진 날

제목: 어린이날

어린이날은 쉬는 날이다. 그런데 어린이만 쉬는 게 아니라 어른도 쉰다.

오늘은 엄마 아빠랑 같이 외식을 했다. 큰 식당에 갔는데 엄마는 여기가 '패밀리 레스토랑'이라고 하셨다.

쇠고기 스테이크, 스파게티, 샐러드 등 음식을 많이 시켰다.

누나는 스파게티를 가장 좋아한다며 하나 더 시키자고 했다. 그래서 하얀 스파게티랑 빨간 스파게티를 둘 다 먹었다.

나는 쇠고기 스테이크가 제일 맛있었다. 혀끝에서 사르르 녹는 맛이다.

꿀꺽꿀꺽 쩝쩝 먹다 보니까 시킨 게 거의 다 없어졌다.

어린이날만 먹는 게 아니라 매일 이렇게 먹으면 얼마나 좋을까?

엄마의 편지

의성어, 의태어를 쓰면 글이 생생해져!

오늘은 어린이를 위한 날, 어린이날이었지. 패밀리 레스토랑에서 주문한 메뉴들이 다 맛있었구나. 얼마나 맛있었던지 새롭고 재미있는 표현이 술술 나왔어.

'사르르'처럼 **모양을 흉내 내는 말**을 '**의태어**'라고 해.

'꿀꺽꿀꺽 쩝쩝'처럼 **소리를 흉내 내는 말**을 '**의성어**'라고 하지.

의태어, 의성어가 들어가니까 민수가 음식을 열심히 먹는 장면이 머릿속에 환히 그려져. 모양이나 소리를 흉내 내는 말을 자주 써 봐. 글이 살아 있는 것처럼 느껴지는걸?

5월 7일 토요일
날씨: 소나기가 내리다가 맑아진 날

제목: 어버이날

어제 누나가 "내일은 어버이날이니까 카드를 쓰자."라고 말했다. 그래서 스케치북에 카드를 그리고 가위로 오렸다. 카드에 이렇게 썼다.

엄마, 아빠께 색종이 꽃과 카드를 드렸다.

두 분은 "정말 고마워."라고 하셨다.

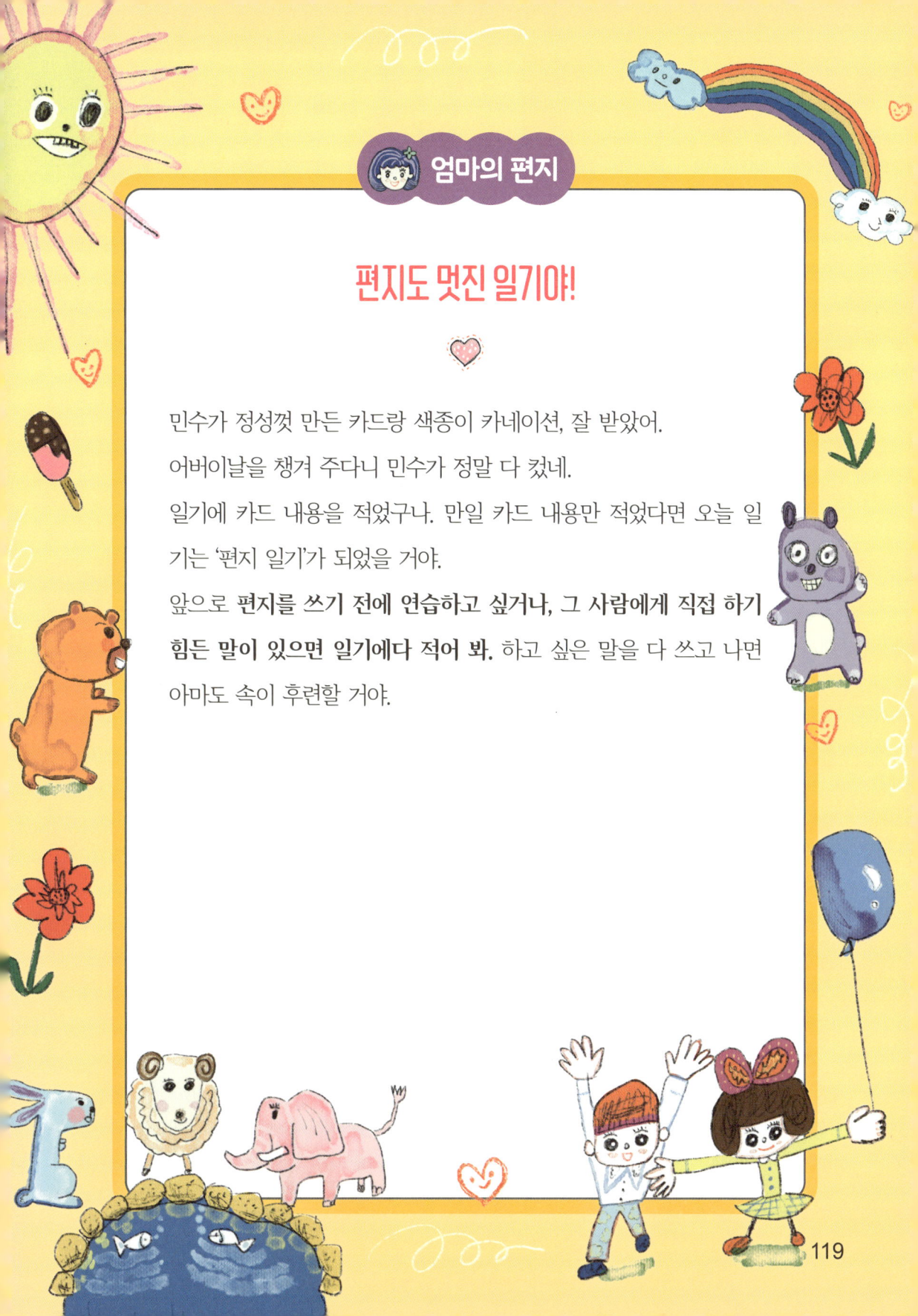

엄마의 편지

편지도 멋진 일기야!

민수가 정성껏 만든 카드랑 색종이 카네이션, 잘 받았어.
어버이날을 챙겨 주다니 민수가 정말 다 컸네.
일기에 카드 내용을 적었구나. 만일 카드 내용만 적었다면 오늘 일기는 '편지 일기'가 되었을 거야.
앞으로 **편지를 쓰기 전에 연습하고 싶거나, 그 사람에게 직접 하기 힘든 말이 있으면 일기에다 적어 봐.** 하고 싶은 말을 다 쓰고 나면 아마도 속이 후련할 거야.

5월

생활

5월 9일
월요일

날씨: 우산이 촉촉하게 젖도록 비가 온 날

제목: 아빠도 나도 만화책이 좋아!

누나가 친구한테 〈용용 마법사〉 4권, 5권을 빌려 왔다.

다 보고 나서 나한테도 보여 줬다. 너무 재미있었다.

태권도 학원에 다녀왔더니 아빠가 〈용용 마법사〉를 읽고 있었다.

"아빠, 왜 만화책을 봐요?" 했더니, 아빠가 "아빠도 만화책 좋아해."라고 하셨다.

그래도 "우리가 보는 건데."라고 했더니, 아무 말 없이 만화책을 덮고 돌아누우셨다.

저녁밥을 먹고 텔레비전을 보는데 엄마가 "아빠가 또 만화책 보신다."라고 하셨다. 안방에 가 보니 진짜 또 읽고 계셨다. 아빠는 만화책을 너무너무 좋아하시는구나.

나도 만화가 좋다. 〈3차원 어드벤처〉도 좋고 〈사이버 몬스터〉도 좋고 다 좋다.

엄마의 편지

일기는 구체적일수록 좋아!

사실은 엄마도 어렸을 때 만화책을 정말 좋아했어. 텔레비전에서 만화 영화가 나오는 시간만 기다리기도 했어. 만화 말고는 재미있는 게 지금처럼 많지 않았거든. 스마트폰 게임도 컴퓨터도 없었으니까…….

'나도 만화가 좋다.'라고 써 주었는데, 만화를 왜 좋아하는지 이유는 안 나와 있네? 엄마가 만화를 좋아했던 이유는 만화 말고는 즐길 게 많이 없었기 때문인데, 민수는 어때? **무언가를 좋아하거나 싫어한다고 표현할 때에는 그 이유를 생각해 보고 일기에 적어 봐.** 그러면 훨씬 더 구체적이고 솔직하면서도 마음이 또렷이 담긴 글이 될 거야.

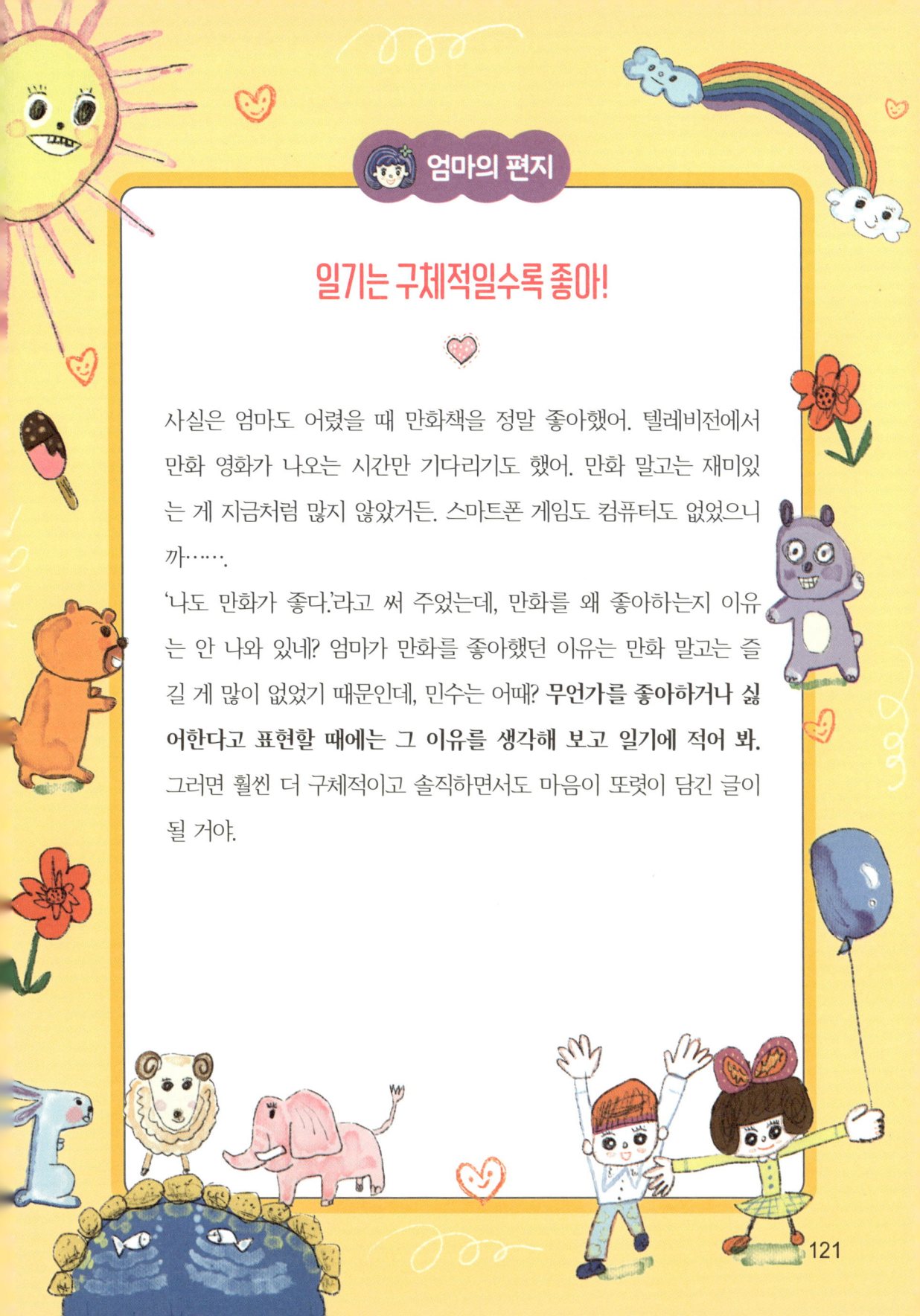

5월 기념일

부처님 오신 날

| 5월 11일 수요일 | 날씨: 나뭇잎들이 햇볕에 반짝반짝 빛난 날 |

제목: 부처님 오신 날

오늘은 부처님께서 태어나신 날이라고 한다.

그래서 학교에 안 가고 쉬었다. 아빠도 회사에 안 가셨다.

아빠가 "부처님은 토요일, 일요일 말고 꼭 일하는 날에 오시는 것 같아. 덕분에 우리는 잘 쉬고 있지. 아주 사랑 많으신 분이야."라고 하셨다. 그 말을 듣고 보니 부처님이 좀 더 좋아졌다.

엊그제 학교에서 누나가 종이로 연등을 만들었다. 엄마가 그 연등이라도 달고 소원을 빌자고 하셨다. 원래 절에 가서 연등을 달고 소원을 비는데, 오늘 절에는 사람이 너무 많으니까 집에서 하자고 하셨다.

연등을 안방 문 앞에 달았다. 엄마가 소원을 하나씩 빌라고 하셨다.

그런데 왜 연등을 달고 소원을 빌까? 연등이랑 소원이 무슨 관계지? 잘 모르겠다.

엄마의 편지

직접 답을 찾아보자!

오늘은 부처님 오신 날이라서 소원 비는 의식을 한번 해 봤어. 부처님 오신 날이 어떤 날인지, 아빠랑 엄마가 어떻게 행동했는지, 무엇을 했는지 일기에 아주 열심히 써 주었네.

"연등을 달고 소원을 비는 이유가 뭘까?" 이렇게 질문하는 건 아주 좋은 자세야. 보통 사람들은 그러려니 하고 넘어가거든.

이왕이면 그 질문의 답을 인터넷으로 검색하거나 책에서 찾아보고 일기에 적으면 어떨까? 그러면 **그날 있었던 일과 함께 민수의 질문, 질문에 대한 대답까지 더해져 아주 풍성한 일기가 될 거야.**

그림

5월 14일
토요일

날씨: 꽃향기가 따뜻한 바람에 묻어서 집 안에 날아온 날

제목: 만화 그리기

오늘은 하루 종일 용용이를 그렸다.

그래서 그런가? 일기도 만화로 그리고 싶었다.

엄마의 편지

새로운 형식의 일기, 칭찬해!

어쩐지 집에 와서도 그림 연습을 많이 하더라니……. 용용이를 그리고 있었구나.

보통 초등학교 1학년 친구들은 낙서를 많이 하는데, 민수는 네 컷 만화를 제대로 그려 냈어.

만화 일기를 쓰고 그릴 때는 우선 컷 안에 어떤 내용을 넣을지 생각하고 내용을 요약해야 해. 그 과정을 정말 잘 해냈어!

5월 특별 소개

| 5월 20일 금요일 | 날씨: 가만히 있어도 뛰어도 다 좋은 날씨 |

제목: 내 친구 오경철

내 단짝 친구는 오경철이다. 경철이는 나랑 같은 '진달래' 모둠이다.

경철이는 운동을 잘한다. 달리기도 우리 반에서 1등을 했다. 선생님은 경철이가 우리 반 대표로 운동회에 나갈 거라고 하셨다. 모두 경철이가 몇 초 만에 뛰었는지 듣고는 대단하다고 했다. (몇 초였더라?)

피구를 할 때도 경철이는 엄청났다. 공이 자기 쪽으로 오니까 펄쩍 뛰었다. 공은 경철이 가랑이 사이로 쑹 날아갔다. 우리는 모두 "우아!" 하고 놀랐다. 몇 명은 박수를 쳤다.

그런데 경철이는 밥을 엄청 늦게 먹는다. 빨리 먹고 축구 하러 가자고 해도 아직 다 안 먹었다고 한다. 그래서 답답해서 속이 터진다.

운동은 그렇게 빨리하면서 밥은 왜 그렇게 늦게 먹을까?

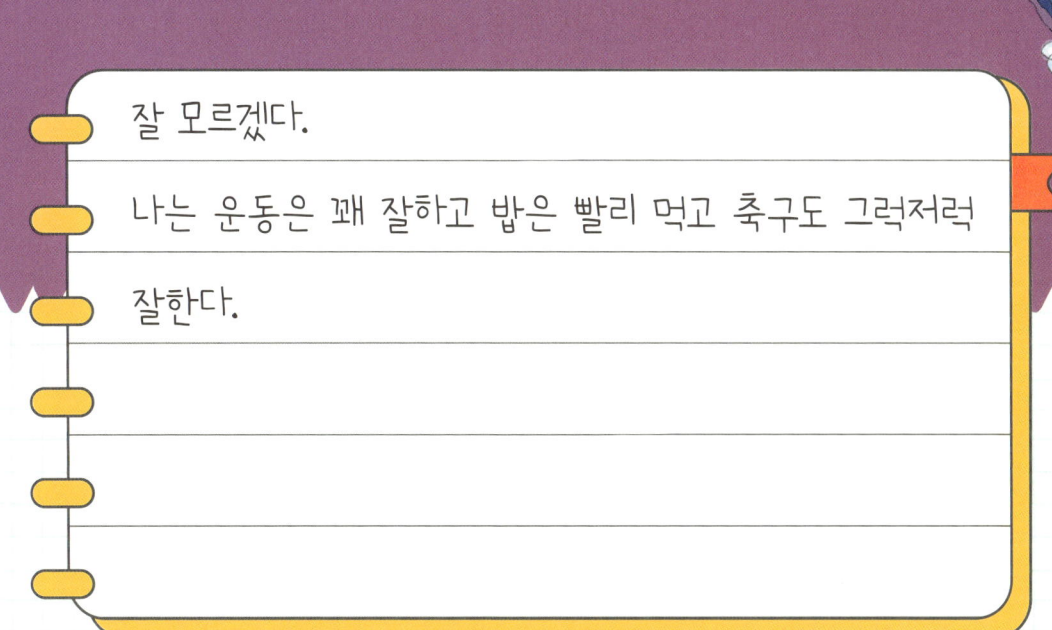

엄마의 편지

'비교'도 좋은 일기감이야!

오늘 일기는 친구를 소개하는 '소개 일기'구나. 엄마는 경철이라는 친구를 몇 번 못 봤지만, 경철이가 어떤 특기를 가진 아이인지 잘 알겠어. 그리고 경철이에 비해 민수가 어떤 걸 곧잘 해내는지도 잘 써 주었네.
경철이의 어떤 점과 나의 어떤 점을 함께 놓고 생각해 보는 걸 '비교'라고 해. 비교를 하다보면 각자의 장점과 단점을 잘 알 수 있지. 생각이 깊어지는 건 덤이고 말이야!

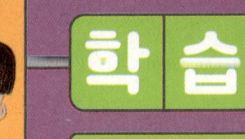

5월 25일
수요일

날씨: 흰 구름이 푸른 하늘 곳곳에 누워 있었던 날

제목: 더하기와 빼기

수학 시간에 더하기와 빼기를 배우고 있다. 나는 더하기는 잘하는데 빼기는 종종 틀린다. 빼기를 자꾸 틀리다 보니까 손가락으로 세어 본다. 승필이랑 경철이도 나처럼 손가락을 쓴다. 그런데 태우는 손가락을 안 쓰고 잠깐 생각하더니 바로바로 답을 말했다. 진짜 신기하다.

오늘 나는 빼기를 한 개만 틀렸다. 내가 틀린 건 바로 이 문제다.

$$11-3=8$$

나는 정답이 9인 줄 알았다.

집에 와서 그림을 그려 보니 답이 8인 게 이해된다.

○○○○○○○○○○○

엄마의 편지

일기에 틀린 문제를 적어 보자!

음, 수학은 정말 어렵지. 엄마도 순간 헷갈렸어.

정답은 8이 맞아.

오늘은 수업 시간에 틀린 문제를 적었으니 '검토 일기'라고 해도 되겠는데? '검토'는 어떤 사실을 살피고 따지는 걸 말해. 틀린 문제를 찬찬히 다시 살펴보는 것도 검토라고 하지.

이렇게 일기에 적어 놓으면, 다음엔 쉽게 틀리지 않을 거야! 헷갈리는 문제가 있다면 종종 검토 일기를 써 보렴.

감상

독서

5월 30일 월요일

날씨: 미세먼지가 심해서 숨 쉬기가 갑갑했던 날

제목: 플랜더스의 개

도서관에서 빌려 온 그림책을 읽다가 누나가 눈물을 흘렸다. 너무 슬픈 그림책이라고 했다.

제목은 《플랜더스의 개》였다.

넬로와 할아버지는 수레로 우유를 나르면서 살았다. 그런데 길에서 죽어 가던 개를 한 마리 살려 주었다. 그 개는 파트라슈였다. 둘은 파트라슈와 함께 우유를 나르면서 행복하게 살았다.

그러다 할아버지는 하늘나라에 가고, 넬로와 파트라슈만 남았다.

그림을 잘 그리지만 가난한 넬로를 마을 사람들은 도둑이라고 했다. 그래서 일을 못 하고 굶는 날이 많아졌다.

넬로와 파트라슈는 성당에서 보고 싶었던 그림을 본 후 하늘나라로 갔다.

나도 책을 읽다가 슬퍼서 눈물이 나려고 했다. 넬로에게 일을 안 준 마을 사람들이 너무너무 미웠다.

파트라슈 같은 강아지 동생이 있으면 정말 사랑해 줄 텐데!

우선 깐돌이한테 더 잘해 줘야지.

 엄마의 편지

독후감도 일기가 될 수 있어!

책의 내용을 적고, 책을 본 후 내가 느낀 점을 쓰는 걸 '독후감'이라고 해. 독후감을 일기로 쓰면 '독서 일기'야.
《플랜더스의 개》의 **내용도 잘 간추렸고 읽고 느낀 점도 차근차근 적어 주었어.** 훌륭한 독서 일기야!
다음에도 마음에 크게 와닿는 책이 있으면 독서 일기를 써 봐. 글로 남겨 놓으면 다시 한번 그 감동을 느낄 수 있어.

나만의 꿀팁

다양한 표현으로 일기 쓰기

일기를 쓰다 보면 매일 비슷하다고 느껴질 때가 있어요. '오늘 무슨 일이 있었다.' '기분이 어떠했다.'

그날 일어난 일과 내 기분을 적고 나면 더 이상 쓸 말이 없는 거지요. 날마다 이런 식으로 일기를 쓰면 재미가 없고 따분해요. 점점 쓰기 싫어지고, 일기 쓰기가 괴로운 숙제로 느껴져요.

일기를 즐겁게 쓰려면 살아 있는 듯한 생생한 느낌을 글로 표현하면 돼요. 매일매일 다양한 표현을 넣어서 일기를 쓰는 거지요. 그러면 내가 읽어도 재미있는 일기가 될 거예요.

어떻게 하면 될까요?

대화

민수가 쓴 일기입니다. 읽어 보세요.

학교에서 오는 길에 이웃집 할머니를 만났다.

할머니께 인사드렸다. 할머니는 가방에서 귤을 하나 꺼내 주셨다.
나는 고맙다고 말했다.

할머니를 만나고 어떤 일이 있었는지 설명만 했어요. 다음 일기를 읽어 보세요.

학교에서 오는 길에 이웃집 할머니를 만났다.
"할머니, 안녕하세요."
"아, 그래. 민수구나. 잘 지냈어?
이거 하나 먹을래?"
할머니는 가방에서 귤을 하나 꺼내 주셨다.
나는 귤을 받으며 말했다.
"고맙습니다!"

위의 일기보다 훨씬 생동감 있지요? 할머니와 민수가 이야기를 나누는 모습이 눈앞에 영화처럼 그려지고요. 이유가 뭘까요? 아래 일기에는 '대화'가 들어갔기 때문이에요.

누군가와 주고받은 말들을 기억했다가 일기에 적어 보세요. 그러면 시간이 지난 후에 일기를 다시 읽어도 내가 그 사람과 어떤 이야기를 나누었는지 확실히 알 수 있어요. 쓸 때도 좀 더 재미있고요!

감정

일기에는 그날 일어났던 일과 느꼈던 감정을 적어야 해요. 그런데 어린이들은 자기의 감정을 잘 모를 때가 있어요. 뭔가 야릇한 기분이 드는데 이걸 어떤 말로 표현해야 할지 모르기도 하고요. 그래서 '즐거웠다.' '재미있었다.' '슬펐다.' '재미없었다.' 정도의 감정만 매일 적곤 하지요.

그런데 사람은 매우 다양한 감정을 가지고 있어요. 감정을 표현하는 다양한 말들을 많이 알면 알수록 좋아요. 일기를 쓸 때 내 감정을 더 섬세하게 표현할 수 있으니까요. 그리고 부정적인 감정도 숨기지 말고 글로 풀어 쓰면 응어리진 마음이 어느새 스르르 풀린답니다.

긍정적인 감정	부정적인 감정
두근두근하다, 설레다, 재미있다, 기쁘다, 행복하다, 뿌듯하다, 보람차다, 신나다, 날아갈 것 같다, 상쾌하다, 후련하다……	나쁘다, 재미없다, 슬프다, 우울하다, 별로다, 기운이 쭉 빠진다, 기가 죽었다, 따분하다, 억울하다, 어렵다, 힘들다, 지겹다, 짜증 난다……

사자성어와 속담

책을 읽다 보면 사자성어나 속담을 알게 될 때가 있어요.
사자성어는 가르침을 담은 네 글자로 이루어진 말이에요. 속담은 옛

날부터 전해 내려오는, 교훈을 담은 짧은 글이고요.

　살다 보면 이런 말들과 딱 어울리는 일이 내 눈앞에 일어날 때가 있어요. 그럴 때는 일기를 쓰면서 사자성어나 속담을 함께 적어 보세요. 배운 내용과 딱 들어맞는 일이 일어난 거니까 신기하고 재미있는 일기가 될 거예요.

　며칠 전에 승필이에게 말했다.
　"나 오늘 깜빡하고 속옷을 안 입고 왔어."
　승필이는 낄낄 웃었다. 나는 이 이야기를 비밀로 해 달라고 했다.
　그런데 오늘 경철이가 말했다.
　"너 속옷도 안 입고 다닌다며? 오늘은 입고 왔냐?"
　그러자 태우가 막 웃으면서 날 놀렸다.
　'발 없는 말이 천 리 간다.'라더니, 승필이한테 한 말은 애들이 다 알게 된다. 다음에는 승필이한테 절대로 비밀 이야기를 안 해야겠다.

　'발 없는 말이 천 리 간다'는, 비록 발이 없지만, 말은 천 리 밖까지도 순식간에 퍼진다는 뜻이에요. 말을 조심해야 한다는 속담이지요.
　민수의 일상에 이 속담과 딱 맞아떨어지는 일이 일어났어요. 속담을 함께 적으니까 어떤 상황인지 속담 하나로 깔끔하게 정리되는 느낌이 들어요. '말을 조심해야겠다.'라는 민수의 다짐도 더 와닿지요.

6월의 일기

학습 복습

6월 3일 금요일
날씨: 슬슬 더운 느낌이 들었던 날

제목: 태극기

오늘은 태극기에 대해 배웠다.

태극기는 우리나라의 국기라고 한다. 그런데 안에 무늬가 복잡하게 생겼다. 자꾸 봐도 잘 모르겠다.

가운데 '태극'은 음과 양을 뜻한다고 한다.

어려운 것은 검은 줄인 '건, 곤, 감, 리'다.

건은 하늘, 곤은 땅, 감은 물, 리는 불을 뜻한다고 한다.

외우기가 힘들어서 일기에 적어 둔다.

엄마의 편지

배운 걸 적어도 일기가 돼!

오늘은 아주 뜻깊은 '학습 일기'를 썼는걸? 마침 현충일이 다가오니까 학교에서 태극기에 대해 가르쳐 주었구나.

학교에서 배운 것 중에서 잊고 싶지 않은 걸 일기에 적으니까, 어때? 조금이라도 오래 기억될 것 같지 않니?

매일매일 새로운 걸 배우는데, 그중에서 **특히 어려운 내용은 일기에 써도 좋아.** 아무리 어려운 것도 자꾸 쓰다 보면 익숙해지고 쉬워질 거야.

기념일

현충일

6월 6일
월 요일

날씨: 축구를 하면 땀이 날 만큼 더운 날

제목: 현충일

오늘은 현충일이라서 학교에 안 갔다. 아빠는 베란다 유리창 밖에 태극기를 달아야 한다고 하셨다. 아침 10시에 '왜애애앵!' 하는 소리가 들렸다.

"어, 이게 무슨 소리지?"

"사이렌 소리야. 현충일은 나라를 위해 목숨 바친 분들을 기억하기 위한 날이거든. 그분들을 생각하라고 1분 동안 울리는 거야."

아빠가 말씀하셨다. 그래서 나는 잠시 눈을 감고 생각했다.

'감사합니다.'

엄마의 편지

무엇을 어떻게 했는지 전부 적는 게 좋아!

아침에 아빠랑 잠시 이야기를 나누었는데 그걸 잊지 않고 일기에 썼구나.

1년 중에 딱 하루, 사이렌이 울리는 1분 동안은 고마운 분들에게 감사하는 게 예의지. 아주 잘했어, 민수야.

일기 앞부분에 '아빠는 베란다 유리창 밖에 태극기를 달아야 한다고 하셨다.'라고 썼어. 그런데 그 후에 어떻게 되었는지는 일기에 안 나와 있는걸? 태극기를 실제로 달았는지 안 달았는지, 달았다면 어떻게 달았는지 알 수가 없어.

무언가를 해야 한다는 표현을 썼다면 그다음에 어떻게 되었는지도 써 주렴. 그래야 의문이 남지 않는 글, 완성도 있는 글이 될 테니까.

생활

6월 7일
화 요일

날씨: 더워서 도복을 벗고 태권도를 하고 싶은 날

제목: 팥빙수

태권도 학원을 갔다 왔더니 엄마가 팥빙수를 주셨다.

나는 팥빙수를 진짜 좋아한다. 그런데 한 그릇을 다 먹으면 머리가 아프다.

팥빙수를 먹으며 엄마가 말씀하셨다.

"팥도 깡통에 든 팥이 아니라 가게에서 직접 만든 것 같아. 참 맛있네."

나는 잘 모르겠다. 팥빙수는 다 맛있다.

태권도 하느라 무척 더웠는데, 팥빙수를 먹으니까 시원해졌다.

오늘은 다 먹고 나서 머리가 안 아팠다. 그런데 너무 달아서 자꾸만 물을 마시고 싶었다.

엄마의 편지

묘사하면 글이 실감 날 거야!

날씨가 더운데 태권도 학원까지 가느라 고생이 많았어.

오늘은 새로 생긴 커피숍의 팥빙수가 맛있다고 소문이 나서 엄마가 몇 개 사 왔지. 민수가 한 그릇 뚝딱 비워서 보람 있었어.

좋아하는 음식에 대해 일기를 쓰니까 엄마도 읽으면서 빙긋 미소를 짓게 돼. 다음에는 싫어하는 음식에 대해서도 한번 써 보렴. 그것도 좋은 일기 소재가 될 거야.

한데 팥빙수를 먹으면서 나눈 대화나 느낌은 있는데, 정작 팥빙수가 어떤 모습이었는지는 별로 없네. 일기의 제목이 '팥빙수'니까 오늘 먹은 팥빙수가 어땠는지 충분히 '묘사'해 주는 게 좋겠어. **묘사는 무언가를 그림을 그리듯이 세세하게 설명하는 거야.** 팥빙수의 크기나 모양이 어땠는지, 무엇이 들어 있었는지, 맛과 향기가 어땠는지 등…….

묘사할 건 얼마든지 있어. **묘사를 잘하면 눈앞에 그 대상이 있는 것처럼 느껴지는 글이 될 거야.**

생활

6월 8일 수요일

날씨: 빗방울이 운동장에 그림을 그린 날

제목: 당근이랑 파가 싫어!

나는 당근과 파가 싫다. 나만 싫어하는 줄 알았는데 태우도 당근을 못 먹는다고 했다. 당근을 먹으면 토한다고 그랬다.

나는 당근보다 파가 더 싫다. 먹으면 입 안이 맵고 미끈미끈. 기분이 나빠진다.

어른들이 왜 이런 걸 좋아하는지 모르겠다. 아빠는 국밥 같은 거 드실 때 엄마한테 대파를 많이 썰어 달라고 하신다. 파를 많이 넣으면 국물이 시원해진다는데…… 뜨거운 국이 시원해진다니, 이게 무슨 말일까?

내가 당근을 너무 싫어해서 엄마는 김밥에 당근을 잘 안 넣으신다. 그런데 밖에서 김밥을 먹으면 가끔 당근이 가득 들어 있을 때가 있다. 제발 사람들이 김밥에 당근을 안 넣었으면 좋겠다.

엄마의 편지

좋아하는 것과 싫어하는 것을 비교해 보자!

차가운 국물도 아니고 뜨거운 국물을 마시고 "시원하다."라고 말하다니, 정말 이상하지? 우리나라 사람들만의 표현이라 할 수 있는데, 뜨거운 국물을 마시면 배 속이 편안해지고 혈액 순환이 잘 되는 듯한 느낌이 들어. 그러면 땀이 퐁퐁 나는데, 사람은 땀을 흘리면 체온이 내려가거든. 그래서 시원하다는 느낌이 들어.

어제는 좋아하는 음식, 오늘은 싫어하는 음식에 대해 일기를 썼구나. 둘 다 훌륭한 글감이야. 좋아하는 마음과 싫어하는 마음이 크면 클수록 할 말이 많거든.

다음에는 음식뿐 아니라 다른 것도 써 봐. **내가 좋아하는 과목 / 싫어하는 과목, 좋아하는 놀이 / 싫어하는 놀이, 좋아하는 운동 / 싫어하는 운동 등, 글감은 얼마든지 있지.**

두 가지를 비교하는 일기를 쓰다 보면 나에 대해 더 잘 알 수 있게 된단다!

6월

생활

| 6월 9일 금요일 | 날씨: 따가운 햇볕에 얼굴이 빨갛게 달아오른 날 |

제목: 무릎을 다친 날

수업을 마치고 반 친구들과 운동장에서 공을 찼다. 서로 공을 차려고 다투다가 내가 미끄러져서 앞으로 넘어졌다. 반바지를 입고 있어 무릎을 다쳤다. 피가 났다.

"아야!"

친구들이 보건 선생님한테 가라고 했다. 수업이 끝났는데 가도 되나 싶었다. 태우랑 승필이가 같이 가 주었다.

보건 선생님은 보건실에 계셨다. 약을 발라 주시고 반창고도 붙여 주셨다.

약을 발랐을 때는 많이 아팠는데 지금은 좀 간지럽다. 걸을 때마다 따끔거린다.

무릎을 다쳐서 태권도 학원에 못 간다고 엄마가 전화해 주셨다.

나는 누워서 책을 읽었다.

엄마의 편지

감정과 느낌도 적어 보렴!

다쳐서 많이 아팠지? 걸을 때마다 불편하다고 해서 엄마 마음이 많이 아팠어. 반바지 입고 축구할 때는 특히 조심해야 돼.

오늘 일기는 일어났던 일, 그러니까 '사실'은 적어 놨는데 민수의 '감정'이나 '느낌'은 별로 없는 것 같아. 몸이 아프면 여러 가지 생각이 나지. 또 다양한 감정이 느껴지기도 해.

일기에는 그날 있었던 사실과 함께 내가 느꼈던 감정과 느낌도 들어가야 하는 거, 알고 있지? 민수만의 생각과 감정이 드러나야 좋은 글이니까 다음에는 몇 줄이라도 꼭 적으면 좋겠어.

생활

6월 13일 월요일
날씨: 해님이랑 구름이 둥실둥실 떠 있었던 날

제목: 상을 받은 날

오늘 학교에서 글짓기상을 받았다.

선생님께서 1교시에 상을 주셨다. 우수상이었다.

내가 글짓기상을 받다니! 나는 깜짝 놀랐다. 정말 생각도 못 했기 때문이다.

선생님은 내가 지은 시를 아이들 앞에서 읽어 보라고 하셨다.

나는 얼른 읽고 자리에 가서 앉았다. 친구들이 박수를 쳤다.

약간 부끄럽기도 하고 기분이 너무 좋았다.

엄마께 상을 드렸다. 몹시 기뻐하셨다. 액자를 사 와서 걸어 두어야겠다고 하셨다.

상 하나로 선생님, 엄마, 아빠 모두에게 칭찬을 받았다.

기분이 흰 구름처럼 둥둥 떠다닌다.

엄마의 편지

기분을 다양하게 표현해 봐!

오늘은 정말 뜻깊은 날이야. 민수가 처음으로 학교에서 상을 받아 온 날이니까.

엄마가 얼마나 뿌듯했는지 몰라. 오늘 일기에도 민수가 상을 받고 어떤 기분이었는지 잘 나타나 있네! 흰 구름처럼 둥둥 떠다니는 기분이라니! 정말 멋진 표현이다! 이렇게 다양하게 기분을 표현하니 글이 훨씬 재미있는걸.

동시를 써서 상을 받았다고? 그러면 어떤 시를 썼는지 일기에 적어 두면 어떨까?

아주 색다른 '동시 일기'가 될 거야.

6월 / 특별 / 동시

6월 14일 화요일
날씨: 잔뜩 흐렸던 날

제목: 하늘을 날면

하늘은 하늘색 마음도 하늘빛

푸르게 물든 마음은 먼 곳으로 가고

나는 오늘도 마음껏 상상해요

하늘 저편에서 구름이 몽글몽글 피어나요

구름을 타고 훨훨

먼 곳에 있는 할아버지, 할머니,

사촌들, 이름 모를 친구들 모두 만나고 싶어요

하늘을 날다 보면

반드시 만나겠지요

엄마의 편지

동시도 일기!

우아! 정말 멋진 동시야. 상을 안 줄 수가 없겠어.
동시를 일기에 쓰니까 일기 전체가 다채로워졌어. 여러 가지 색깔을 가진 글들이 어우러져서 찬란하게 빛나는 느낌이야. 그런데 동시 제목이 빠져 있구나. 다음에는 동시 제목도 적어 주렴!
또 멋진 시가 떠오르면 일기장에 적어 봐. 하루에 있었던 일들을 시로 만들어도 좋겠어. **시를 쓰면 짧은 글 안에 많은 내용과 느낌을 다 담을 수 있거든.**

6월 17일 금요일
날씨: 모래와 돌멩이가 햇빛을 받아 반짝이던 날

제목: 풍선

소영이가 학교에 풍선을 가져왔다. 나, 태우, 승필이, 소영이, 기철이, 남현이가 풍선을 손으로 팅기고 놀았다.

내가 풍선을 칠 차례인데 남현이가 자꾸 끼어들었다. 나는 내 차례라고 했다. 남현이는 풍선이 자기 쪽으로 왔다고 우겼다. 그러더니 태우 차례인데 자기가 손으로 쳤다.

소영이가 "너 왜 자꾸 반칙해?"라고 물었다.

남현이는 처음부터 규칙을 안 정했으니 괜찮다고 말했다.

기철이가 "지금부터는 한 사람씩 차례로 치자."라고 했다.

그런데도 남현이는 자꾸 끼어들었다.

태우가 안 하겠다고 했다. 승필이도 안 하겠다고 했다.

그랬더니 남현이가 "그럼 풍선은 내가 갖고 놀게."라고 말했다. 소영이가 눈물을 뚝뚝 흘렸다.

엄마의 편지

친구와 있었던 일을 솔직히 적어도 괜찮아!

오늘은 남현이가 정말 잘못했네. 남현이의 잘못된 행동으로 민수와 친구들의 마음이 다치는 건 안 될 일이지. 다음에도 이런 일이 있으면 엄마에게 꼭 이야기해 주길 바라.

오늘 남현이가 했던 일에 대해 민수는 어떻게 생각하는지 잘 안 드러나는 것 같아. 민수의 마음은 어땠니? **솔직하게 쓰면 쓸수록 더 힘이 있는 글이 돼. 민수의 마음속에 있는 안타까움, 미움, 짜증 등이 글을 쓰는 동안 사르르 가라앉을 거야.** 남현이가 또 그런 행동을 했을 때 어떻게 해야 할지 적어 보며 생각을 정리할 수도 있고.

혹시 친구의 잘못을 일기에 쓰는 게 망설여지니? 그건 친구를 고자질하거나 험담하는 게 아니야. **친구와의 싸움을 어른에게 알리고 문제를 푸는 방법을 함께 고민하는 거지.** 또 화해 방법도 다 함께 생각해 보는 거야. 그러니까 어떤 일이든지 솔직하게 적어 주면 좋겠어.

특별 날씨

6월 24일 금요일

날씨: 비가 땅을 다다다 때리는 것처럼 잔뜩 내린 날

제목: 엄청난 비

아침부터 비가 많이 왔다. 학교에 갔다가 오는데 양동이를 엎은 듯이 마구 쏟아져 내렸다. 우산을 썼는데도 빗방울이 우산을 뚫고 머리 위로 떨어졌다.

경철이가 바람에 막 비틀거렸다. 하늘을 제대로 볼 수도 없었지만 온통 어두웠고 회색빛이었다. 내 기분이 자꾸 밑으로 내려갔다.

큰비는 세상을 회색으로 만드는 것 같다.

엄마의 편지

날씨도 일기 소재!

오늘 날씨가 대단했지. 오늘처럼 날씨가 독특한 날에는 날씨를 주제로 일기를 쓰는 것도 참 좋은 생각이야.

'날씨 일기'란 **날씨가 어땠는지 떠올려 보고, 하늘이나 나무, 햇빛이 어떤 모습이었는지, 사람들은 어떻게 행동했는지, 내 기분은 어땠는지 써 보는 거야.** 놀랍게도 오늘 민수의 일기는 짧아도 그게 다 들어가 있어. 훌륭한 날씨 일기야.

특히 '양동이를 엎은 듯이'와 같은 표현이 정말 멋진 비유야. 눈앞에 퍼붓는 빗줄기가 생생하게 그려지는걸. 또 '큰비는 세상을 회색으로 만드는 것 같다.'도 뛰어난 문장이지. 엄마는 '맞아, 비가 오면 세상이 회색빛 같아.'라고 고개를 끄덕였거든. 뻔하지 않고 공감을 부르는 시적인 표현들, 참 좋다!

학습 (속담)

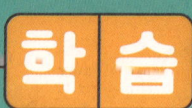

6월 28일 화요일
날씨: 잔뜩 흐린데 더워서 이상한 날

제목: 가는 말이 고와야 오는 말이 곱다

오늘 학교에서 '가는 말이 고와야 오는 말이 곱다.'라는 속담을 배웠다.

남현이가 기철이한테 욕을 해서 둘이 싸웠다. 선생님께서 그걸 보고 이 속담을 가르쳐 주셨다. 서로에게 말을 곱게 해야 된다고 하셨다.

집에 왔는데 누나가 나한테 "바보 같아."라고 했다. 양말을 뒤집어 신었다면서 막 놀렸다.

"그런 말 하지 마, 가는 말이 고와야 오는 말이 곱다고."

그러자 누나가 깜짝 놀랐다. 갑자기 내가 엄청나게 똑똑해 보인다고 말했다.

고운 말을 들으니까 기분이 좋았다.

엄마의 편지

일상을 속담과 연결지어 봐!

오늘 일기는 아주 재미있는걸? 학교에서 속담을 배웠는데 금방 누나한테 써먹다니 민수가 정말 영리하네. **속담의 뜻을 적고 속담의 내용대로 나에게 일어났던 일을 적으면 '속담 일기'가 되지.** 여러 가지 재미있는 속담이 많으니까 다음에도 오늘처럼 속담을 써서 일기를 적으면 좋겠어. 기대할게!

일기에 활용할 수 있는 속담
- 낮말은 새가 듣고 밤말은 쥐가 듣는다.
- 내 코가 석 자다.
- 미운 놈 떡 하나 더 준다.
- 누워서 떡 먹기.
- 김칫국부터 마신다.
- 빈 수레가 요란하다.

생활

6월 30일
목요일

날씨: 나뭇잎이 더운 바람에 춤을 춘 날

제목: 일기 검사

어제 학교에서 일기 검사를 했다.

선생님께서 그동안 쓴 일기 가운데 잘 쓴 일기를 몇 개 읽어 주셨다.

그런데 내 일기도 한 편 읽어 주셨다. 내가 설날에 쓴 일기였다.

"아직 학교에서 일기 쓰는 법을 배우기 전인데, 민수는 설날 때부터 일기를 열심히 써 왔어."라며 칭찬해 주셨다.

나는 일기 쓰는 게 재미있다. 그런데 가끔은 쓰기 싫을 때도 있다. 또 뭘 써야 할지 몰라서 한참 동안 망설일 때도 있다. 그래도 칭찬을 받았으니까 더 열심히 써야겠다.

엄마의 편지

일기에 대한 일기를 써 보자!

민수가 일기를 이렇게 열심히 쓰니까, 칭찬받는 건 당연해. 엄마는 민수가 자랑스러워.

하루에 한 편씩 쓰다 보니 어느새 일기가 많이 쌓였지?

일기를 쓰다가 중간에 한번 주르르 읽어 보고 느낀 점을 쓰는 것도 괜찮아. '일기에 대한 일기'를 써 보는 거지.

오늘 민수가 자신이 쓴 일기에 대해 어떻게 생각하는지 잘 써 주었어. 다짐한 만큼 앞으로도 지금처럼만 일기를 꾸준히 쓰면 좋겠어. 파이팅!

나만의 꿀팁

자주 틀리는 맞춤법

일기를 쓰다가 맞춤법을 잘 몰라서 답답했던 적이 있을 거예요. 처음부터 맞춤법이 다 맞는 일기를 쓰면 좋겠지요. 하지만 그건 어른도 힘들답니다.

일기에 자주 쓰는데 헷갈리는 표현들이 있어요. 다음 일기에서 노란색으로 표시된 부분은 맞춤법이 틀린 거예요. 어떻게 고쳐야 할지 생각하면서 읽어 보세요.

5월 10일 화요일
날씨: 내 마음처럼 어둡고 흐림
제목: 아직도 화가 난다!

몇일 전 점심시간.
의자에 앉으려 할 때, 남현이가 장난을 치다가 나랑 "쾅!" 부딪혔다. 내 식판의 된장찌게와 반찬이 바닥에 조금 쏟아졌다. 남현이와 나는 말싸움을 했다.

선생님께서 달려 오셨다. 내가 말했다.
"남현이가 먼저 밀었어요."
남현이는,
"않 그랬어요. 그냥 부딪힌 거에요." 라고 말했다.
"친구끼리 싸우면 어떻게?
서로 미안하다고 사과하고 밥 먹어."
선생님 말씀에 나는 웬지 분했다.
먼저 잘못한 건 남현이인데 왜 내가 미안하다고 해야 할까?
오늘도 남현이만 보면 화가 난다.
남현이는 우리 반에서 최고 말썽장이다.

• 며칠(○) / 몇일(×)

며칠은 '그 날의 몇 번째 날'이나 '몇 날'을 뜻하는 말이에요. '몇 월 며칠', '며칠 전'과 같이 쓰지요. '몇일'이라고 쓸 때는 없어요.

• 때(○) / 떼(×)

'때'는 어떤 시간이나 순간을 뜻하는 말이에요.
'떼'는 행동을 같이 하는 무리를 뜻하는 말이지요.
시간을 나타낼 때는 반드시 '때'를 쓰세요.

• 찌개(O) / 찌게(x)

'찌개'는 뚝배기나 냄비에 국물을 적게 잡아서 끓인 음식이에요.

찌개를 가끔 '찌게'라고 잘못 쓰는 친구들이 있는데, 잘못된 표현이에요.

된장찌개, 김치찌개 등에 물을 많이 넣고 끓이면 된장국, 김칫국이 되겠지요? 찌개는 국과 다르게 '반찬'이랍니다.

• 안(O) / 않(x)

'안'은 '아니'의 줄임말이에요.

'않'은 '아니 하'의 줄임말이고요.

'안 그랬어요'는 '아니 그랬어요'라고 쓸 수 있어요.

'보이지 않다'는 '보이지 아니하다'라고 쓸 수 있어요.

'안'과 '않'은 각각 '아니'와 '아니 하'를 넣어 보면, 어디에 쓰면 될지 알 수 있답니다.

• 거예요(O) / 거에요(x)

'거예요'를 '거에요'로 잘못 쓰는 일이 많아요.

'거예요'는 '것+이+에요'를 줄여서 쓴 말이에요.

- **어떡해(O) / 어떻게(x)**

'어떡해'는 '어떻게 해'라는 말을 줄여서 쓴 말이에요.

'어떻게'는 '어떻다'에 '-게'가 붙은 말이에요. '어떻게'는 행동을 꾸며 주는 말이라서 문장의 앞쪽이나 중간에 나와요.

"안 가져와서 어떡해?"에서 '어떡해'는 문장의 맨 끝에 들어가고요.

"어떻게 놀았어?"에서 '어떻게'는 '놀았어'를 꾸며 주기 위해 앞쪽에 나와요.

- **왠지(O) / 웬지(x)**

'왠지'는 '왜인지'의 줄임말이에요. '왜 그런지 모르게'라는 뜻이지요.

'웬'은 '어찌 된', '어떠한'이라는 뜻을 담은 말이에요. '웬지'라는 말은 없어요. '웬일이야?' "웬만해서는 안 돼."와 같이 쓰지요.

- **말썽쟁이(O) / 말썽장이(x)**

'쟁이'는 어떤 성격이나 특징이 있는 사람을 말해요.

'장이'는 어떤 기술을 가진 사람을 말해요.

자주 트집을 잡고 장난을 치는 사람을 '말썽쟁이', '개구쟁이'라고 불러요.

대장간에서 일하는 기술자는 '대장장이'라고 부르지요.

7월의 일기

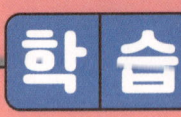

학습

7월 2일 토요일
날씨: 가만히 있어도 땀이 퐁퐁, 더운 날

제목: 풍선 묶기

오늘은 태우네 집 앞 놀이터에 가서 놀았다.

태우가 편의점에서 풍선을 판다고 했다. 우리는 돈을 모아서 풍선을 샀다.

풍선 부는 건 별로 안 어려웠다. 그런데 꼭지를 묶는 게 너무 힘들었다. 자꾸만 놓쳐서 풍선이 '푸슈슈슉!' 날아갔다. 땅에 떨어진 풍선을 주워서 또 불어도 묶을 수가 없어서 꼭지를 손으로 꼭 쥐고 있어야 했다.

그때 경비 아저씨가 오셨다. 태우가 꼭지를 묶어 달라고 부탁했더니 금방 묶어 주셨다.

"겁먹지 말고 꼭지를 많이 늘린 다음, 손가락에 감아서 빨리 묶으면 돼."라고 말씀하셨다.

그래서 배운 대로 해 봤더니 나도 성공했다.

풍선이 터지는 걸 겁내지 않고 하니까 잘 됐다.

엄마의 편지

새로 알게 된 걸 써 보렴!

오늘은 '풍선 꼭지 묶는 법'을 배웠구나. 경비 아저씨 말씀을 잘 듣고 배운 대로 해서 성공했네.

새로 알게 되거나 배운 걸 적으면 '학습 일기'가 되지. 풍선 묶기, 정리하기, 새로운 놀이 등 살면서 배우는 건 너무나 많단다.

학교에서 배운 새로운 내용을 적어도 좋아. 내가 배운 걸 **학습 일기로 적다 보면, 얼마나 많은 일을 할 수 있게 됐는지 알 수 있어.** 학습 일기가 착착 모이면 뿌듯함도 커질 거야.

생활

7월 5일 화 요일

날씨: 뜨거운 목욕탕 안처럼 더운 날

제목: 나도 그림을 잘 그리고 싶은데…….

우리 반에는 맨날 그림을 그리는 애가 있다. 김세호다.

세호는 쉬는 시간마다 공책을 펴 그림을 그린다. 어제는 수업 시간에 책에 그림을 그리다가 선생님께 야단맞았다.

세호는 말도 없고 조용하지만 미술 시간에는 엄청나게 인기가 많다. 다른 애들이 세호한테 대신 그려 달라고 한다. 나도 가끔 도와 달라고 한다.

나는 오늘 세호한테 물어봤다.

"어떻게 하면 그렇게 그림을 잘 그릴 수 있어?"

세호는 그저 웃기만 했다. 자기도 잘 모르겠다고 했다.

나도 그림을 잘 그리고 싶다.

엄마의 편지

솔직한 마음을 드러내 보렴!

사람에게는 각자 잘하는 것이 있는데, 세호라는 친구는 그림을 잘 그리는구나.

사실 '잘하는 것'은 '꾸준히 하는 것'일 때가 많아. 세호는 처음부터 그림을 잘 그린 게 아니라 매일매일 그림을 그려서 어느새 잘 그리게 된 걸 거야.

오늘은 친구를 부러워하는 내용의 일기를 썼는데, 민수의 마음을 더 자세히 드러내 보면 좋겠어. 부러울 때는 어떤 마음들이 들지? **어떤 것을 바라고 간절히 생각하는 동경, 나도 저렇게 되고 싶다는 선망, 왜 저 친구만 칭찬받을까, 하고 샘을 내는 질투심 등등……**. 정말 여러 가지 감정이 생길 거야. 다음에는 이런 다양한 감정에 대해서 써 보렴. 민수에게는 다채로운 감정과 솔직함으로 일기를 가득 채우는 특기가 있으니까!

7월 7일 목요일
날씨: 비가 오다가 "이제 그만!" 하고 멈춘 날

제목: 빗물 놀이

아침에 비가 많이 왔는데 점심때 그쳤다.

다들 장화를 신고 왔다. 그래서 빗물이 고인 곳을 밟아 보았다.

물이 짝 튀었다. 경철이랑 승필이가 비명을 지르면서 피했다. 모두 크게 웃음을 터뜨렸다.

이번에는 승필이가 물을 밟았다. 물이 확 튀어서 승필이 옷이 젖었다. 그걸 보고 나랑 경철이는 배가 아프도록 웃었다.

우리가 물을 밟으면서 노니까 지나가는 어른들이 피했다.

어른들이 없는 곳에서 더 하고 싶었다.

비옷을 입고 장화를 신고 물웅덩이를 마음껏 밟고 싶다.

엄마의 편지

자유롭게 상상해 봐!

어릴 때는 물웅덩이를 밟고 물을 튀기며 놀고 싶지. 엄마도 그랬던 것 같아. 어른이 되고 보니 옷이 다 젖고 몸도 더러워지니까 "하면 안 돼!"라고 말하게 돼.

오늘 일기처럼, **어른들은 하지 말라고 하지만 하고 싶은 놀이를 마음껏 상상해서 적으면 어떨까? 상상은 자유롭게 할 수 있는 데다 생각의 폭도 넓어지니까.**

다음엔 그런 '상상 일기'를 한번 써 봐!

특별 상상

7월 8일 금요일
날씨: 더워도 조금은 시원한 바람이 불었던 날

제목: 내가 진짜 하고 싶은 놀이는……

어제 엄마가 상상 일기를 써 보라고 하셨다. 그래서 내가 진짜 하고 싶은 놀이가 무엇인지 생각해 봤다.

우선 물놀이. 나는 수영장에서 수영하는 게 너무 좋다. 그런데 물속뿐만 아니라 구름 속을 헤엄치면 얼마나 즐거울까, 가끔 상상하곤 한다. 수영장에 구름을 가득 채워서 마음껏 헤엄치고 싶다. 그것도 매일매일!

또 내가 좋아하는 게임 속으로 들어가서 놀고 싶다. 우리 팀에 친한 온라인 친구들이 몇 명 있다. 게임 속에서 직접 만나 괴물들을 무찌르러 가면 얼마나 가슴이 떨릴까? 레벨이 올라갈수록 무기도 더 많아지고 괴물의 힘도 세질 것이다. 매일 신나는 모험을 하고 싶다.

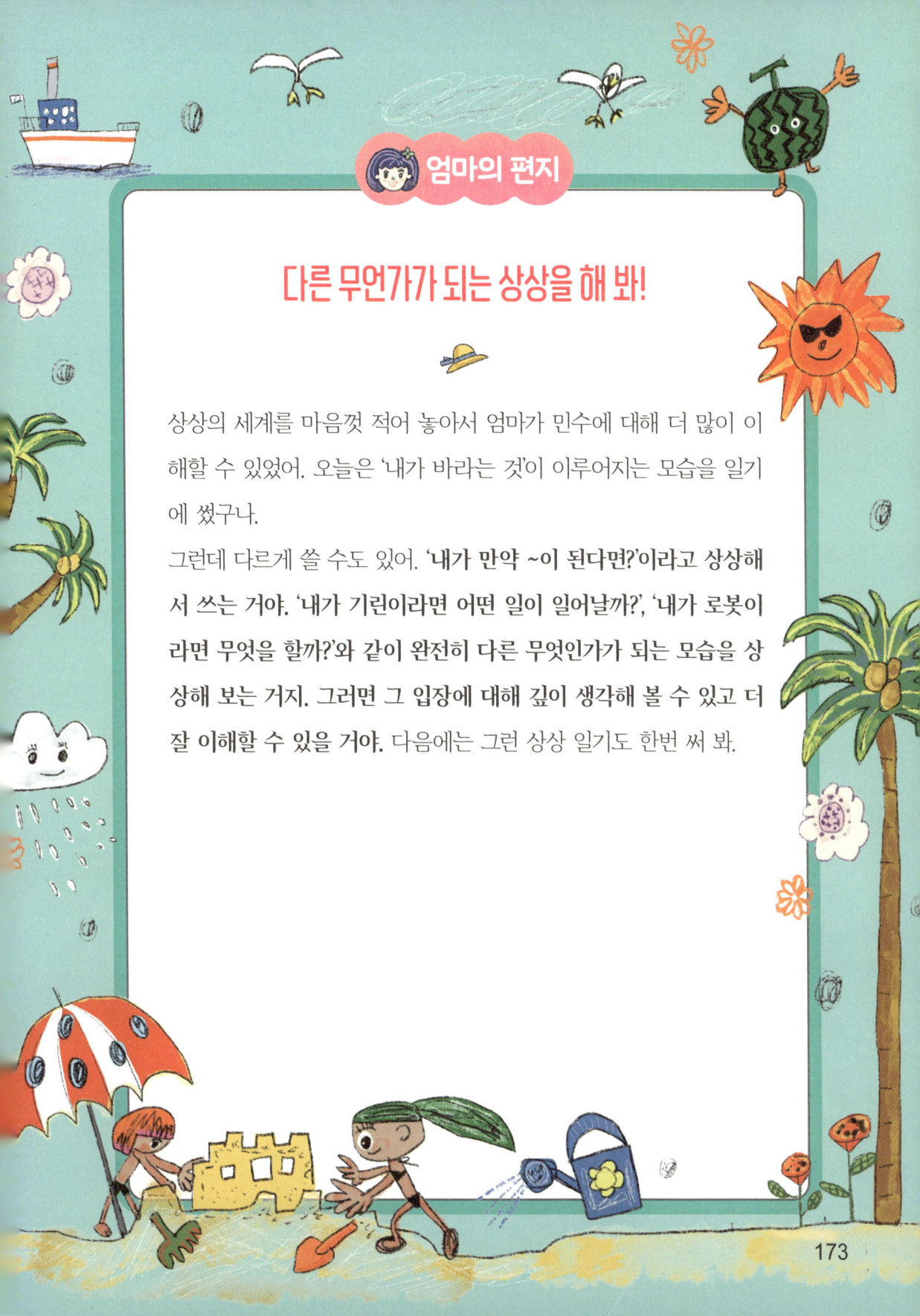

엄마의 편지

다른 무언가가 되는 상상을 해 봐!

상상의 세계를 마음껏 적어 놓아서 엄마가 민수에 대해 더 많이 이해할 수 있었어. 오늘은 '내가 바라는 것'이 이루어지는 모습을 일기에 썼구나.

그런데 다르게 쓸 수도 있어. **'내가 만약 ~이 된다면?'이라고 상상해서 쓰는 거야. '내가 기린이라면 어떤 일이 일어날까?', '내가 로봇이라면 무엇을 할까?'와 같이 완전히 다른 무엇인가가 되는 모습을 상상해 보는 거지. 그러면 그 입장에 대해 깊이 생각해 볼 수 있고 더 잘 이해할 수 있을 거야.** 다음에는 그런 상상 일기도 한번 써 봐.

국경일
제헌절

7월 17일 일요일

날씨: 맑다가 어두워지더니 소나기가 쫙쫙 내린 날

제목: 제헌절

오늘은 제헌절이다. 찾아봤더니 1948년 7월 17일에 우리 나라의 법이 만들어졌다고 한다. 그래서 해마다 7월 17일이 되면 그날을 기억하는 것 같다.

법이 진짜 중요하니까 법을 만든 날을 기념일로 정한 것 같다.

만일 법이 없으면 어떻게 될까?

나쁜 짓을 해도 벌을 줄 수 없으니까, 도둑질하는 사람이 많아지겠지. 또 법이 없으니까 자동차가 쌩쌩 달리고 사람들은 길을 못 건널 것 같다. 나쁜 사람들이 마음껏 다니고 착한 사람들은 겁이 나서 숨어 살 것이다.

그렇게 생각하니까 법이 있어서 정말 다행이다.

엄마가 전에는 제헌절이 쉬는 날이었다고 했다. 이제는 왜 안 쉬는 걸까? 법을 만든 중요한 날이니까 다시 쉬었으면 좋겠다.

엄마의 편지

읽는 사람이 공감할 수 있는 글이 좋은 글이야!

오늘은 '만일 법이 없으면 어떻게 될까?'를 상상해서 일기를 썼구나. 맞아. 몇 년 전만 해도 제헌절은 쉬는 날이었어. 그런데 우리나라에 휴일이 꽤 많아서 제헌절이랑 식목일에 안 쉬게 되었대. 제헌절이 평일이 되니까 7월에는 공휴일이 하나도 없지 뭐야.

그런데 그거 아니? 엄마가 아주 어렸을 때는 토요일에 학생은 학교에 가고 어른들은 회사에 가서 일했단다.

이제 토요일, 일요일 다 쉬니까 전보다 훨씬 쉬는 날이 많아지긴 했어. 그러니까 제헌절에 못 쉬더라도 너무 억울해할 필요는 없을 것 같아.

민수의 일기 덕분에 엄마도 법이 꼭 필요하다는 걸 확실히 느낄 수 있었어. 오늘처럼 읽는 사람도 공감할 수 있는 멋진 글을 많이 써 주길 바라!

특별 기분

7월 19일
화 요일

날씨: 머리가 아플 정도로 더웠던 날

제목: 짜증 나는 날

오늘은 너무 더웠다. 그런데 내 자리에 이상하게 햇빛이 자꾸 비추었다. 나는 햇빛을 피해 이리저리 움직였다. 자꾸 덥고 땀이 나서 기분이 나빴다.

기철이가 마법 카드를 갖고 왔는데 다른 애들한테는 보여 줘 놓고 나는 안 보여 줬다. 그래서 나도 기철이가 말을 걸 때 아무 말도 안 했다.

아까 저녁에는 내가 제일 싫어하는 청국장이 나왔다. 냄새가 너무 싫다.

오늘은 하루 종일 짜증이 나서 눈물이 나오려고 한다.

엄마의 편지

기분을 들여다보고 일기에 풀어 봐!

마음에 안 드는 일만 잔뜩 일어났구나. 이런 날은 참 견디기가 힘들지. 그런데 힘든 내색을 별로 안 하고 꿋꿋이 보냈네. 민수야, 수고 많았어.

오늘 일기가 참 훌륭한데? **자기 기분을 꼼꼼히 살펴보고 기분이 왜 이런지 차근차근 적었거든.**

'짜증'에 대해서 적었는데 다음에는 기쁨, 경쾌함, 슬픔, 우울함 등 다양한 기분을 적을 수 있을 것 같아. '기분 일기'라고 할까? 어떤 기분에 사로잡혀서 마음이 어지러울 때, 나의 기분을 들여다보고 자세히 적다 보면 마음이 스르르 풀릴 거야. 가끔은 기분 일기를 써 보렴.

7월 20일	날씨: 맑은 하늘이 갑자기 어두워지고 비가 내린 날
수요일	

제목: 스마트폰

수업이 다 끝나가는데 점점 먹구름이 몰려오더니 빗방울이 조금씩 떨어졌다. 스마트폰을 가진 아이들은 쉬는 시간에 엄마한테 전화를 했다. 우산을 들고 와 달라고 부탁한 것이다.

나는 스마트폰이 없어서 경철이한테 빌려서 전화했다. 엄마랑 통화하고 폰을 돌려줬더니 경철이가 그동안 찍었던 사진들을 보여 주었다. 동물원에 놀러간 사진, 웃기고 재미있는 그림들, 유튜브 영상 등……. 너무너무 부러웠다.

스마트폰이 있으면 심심할 틈이 없다. 인터넷과 유튜브에 들어가면 온통 재미있는 것들로 가득하다. 게임도 틈틈이 하고 톡도 얼마든지 보낼 수 있다. 모르는 것이 생기면 당장 찾아보고 확인할 수 있다. 그래서 공부에도 도움이 많이 된다. 나는 스마트폰이 너무나 갖고 싶다.

엄마의 편지

주장과 근거를 적절히 써 보자!

민수의 마음이 잘 느껴지는 일기야. 스마트폰이 갖고 싶은 이유도 잘 드러났구나. **이처럼 주장과 근거가 잘 드러나면 의견을 명확히 전달할 수 있어.** 오늘처럼 갑작스러운 상황에서 도움을 청해야 한다면 스마트폰을 갖고 싶은 욕구가 커질 수밖에 없지. 하지만 아직 민수가 1학년이고, 스마트폰을 갖게 되면 온통 거기에 신경을 쓰게 될까 봐 엄마 아빠는 걱정이 돼.

지금 당장은 안 되더라도 몇 년만 더 기다려 주렴. 민수의 키만큼이나 자제력이 커졌을 때, 스마트폰을 사 줄게.

| 7월 22일 | 날씨: 땅에서 김이 풀풀 |
| 금 요일 | 올라올 만큼 뜨거운 날 |

제목: 여름 방학

1학년 1학기가 끝나서 종업식을 했다. 수업을 안 하고 빨리 끝나서 좋았다. 그동안 여름 방학만 기다려 왔다.

이번 여름에는 무슨 일들이 일어날까?

우선 매일 잠을 많이 자고 싶다. 나는 일찍 일어나는 게 너무 힘들다. 방학이 되면 늦잠을 자도 되니까 그게 가장 좋다.

선생님 말씀대로 여름 방학 계획표를 만들어 보았다.

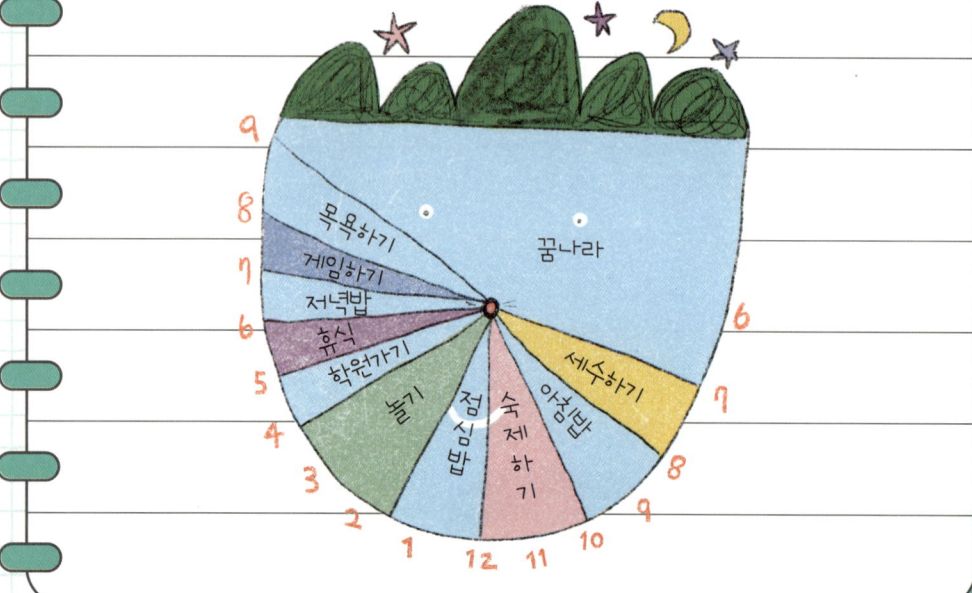

엄마의 편지

일기에 하루를 계획해 보렴!

드디어 여름 방학이 되었네. 이번 방학에는 노는 것도, 늦잠 자는 것도 좋지만 학습지랑 숙제도 차근차근 해 나가면 좋겠어. 안 그러면 개학 전날에 밀린 숙제를 울면서 꾸역꾸역 해야 할지도 몰라.

여름 방학 계획표, 잘 짰구나. 보통 방학이 끝나면 벽에 붙여 놓은 계획표를 떼어 내 버리는데, 이렇게 일기에다 그려 놓으면 시간이 지나도 1학년 여름 방학 전에 어떤 계획을 세웠는지 알 수 있겠어.

오늘은 방학에 할 일을 계획해 보았는데 당장 내일 할 일을 일기에 적어 보면 어떨까? **일기를 쓰며 하루를 되돌아보고 내일의 일정을 미리 생각해 보는 거야!** 일기 마지막에 내일 할 일 칸을 만들어 보는 것도 좋겠네.

초등학교에서 맞은 첫 번째 방학이지? 설레고 들뜬 기분이 잘 느껴져. 이번 여름 방학, 즐겁게 놀고 즐겁게 공부하면서 보내자.

여행 나들이

7월 30일 토요일
날씨: 찜통 안처럼 숨 막혀서 에어컨을 찾아다닌 날

제목: 우주박물관 체험 학습

방학 숙제를 하기 위해 우주박물관에 가기로 했다. 학교에서 정해 준 몇몇 체험 학습 장소 가운데 엄마가 박물관에 가는 게 가장 좋겠다고 하셨다. 토요일이라서 아빠도 함께 가셨다.

자동차를 타고 우주박물관에 도착했다. 사람이 엄청나게 많았다.

우주복이랑 우주선을 구경했다. 별자리 게임기가 있어서 누나랑 같이 했다. 한 판 하고 더 하고 싶었지만 내 뒤에 사람들이 줄 서 있어서 비켜 주었다.

박물관 식당에서 점심을 먹었다.

누나는 체험 보고서를 썼다. 나는 누나 걸 보면서 따라 썼다. 잘 모르는 건 엄마가 조금 불러 주셨다.

박물관도 식당도 에어컨이 빵빵 나와 우리 집보다 훨씬 더

시원했다. 나중에는 으슬으슬 좀 추웠다. 그래서 집으로 돌아왔다.

숙제 하나를 벌써 다 하고 나니 내 마음도 시원했다.

 엄마의 편지

나들이 일기에 나와야 할 내용은?

오늘 '체험 학습 보고서'는 누나와 엄마가 많이 도와줬지만 민수가 열심히 쓴 것도 사실이지. 수고했어.
'나들이 일기'에 어울리는 내용으로 잘 썼어. **찾아간 곳, 함께 간 사람들, 그곳에서 본 것, 한 일, 느낀 점 등이 자세히 나와 있네.** 다음에 더 먼 곳으로 1박 2일 여행을 가게 되면 '여행 일기'도 써 보자.

여행

7월 31일
일요일

날씨: 햇빛이 빗방울처럼 피부 속에 스며든 날

제목: 주말농장

이모네 주말농장에 놀러 갔다.

이모는 감자랑 쑥갓, 부추, 토마토 등을 심으셨다. 우리한테 감자를 좀 캐 가라고 하셨다.

나랑 누나는 호미를 들고 땅을 마구 팠다. 이모가 그렇게 하면 감자가 호미 날에 다친다고 살살 파라고 하셨다.

파는 대로 감자가 나오니까 너무 신기한 것 같다. 그런데 뿌리랑 줄기가 막 서로 붙어 있어서 잘 안 나왔다. 엄마가 도와줘서 겨우겨우 캘 수 있었다.

부추랑 쑥갓도 많이 잘라 왔다.

이모가 "민수는 농사도 잘 하겠네."라고 말씀하셨다.

엄청나게 더웠지만 또 가고 싶은 것 같다. 우리도 주말농장이 있으면 좋겠다.

엄마의 편지

추측성 표현을 수정해 보자!

어디든 새로운 곳에 놀러 가는 건 참 설레는 일이야. 민수랑 민영이가 농장에서 흙을 파고 감자 캐는 걸 참 좋아하던걸? 설레고 즐겁고 흥겨운 마음이 일기에 고스란히 담겨 있어.

우리도 화분에 꽃이랑 화초를 기르고 있지? 주말농장은 아니더라도 다음에 콩이나 작물을 좀 심어 보자. 민수가 잘 돌봐 주렴. 쑥쑥 키워서 먹을 수 있으면 좋겠다.

그런데 글에 '~한 것 같다' 같은 추측성 표현이 두 번이나 나왔네. **자신의 마음을 나타낼 때는 추측은 줄이고 분명하게 쓰는 게 좋아.**

'신기한 것 같다' → '신기했다'
'가고 싶은 것 같다' → '가고 싶다'

이런 식으로 바꾸면 돼. **그래야 나의 느낌이나 감정이 글 속에 분명하게 나타나고 읽는 사람들에게 확실히 전달되거든.** '추측성 표현'을 되도록 안 쓴 글이 좋은 글이야.

나만의 꿀팁

일기 쓰는 데 도움이 되는 습관

일기를 잘 쓰려면 많이 돌아다니고, 특별한 일을 해야 할까요? 꼭 그렇지 않아요. 남들과 똑같은 하루를 보내더라도 몇 가지 습관을 기르면 일기 쓰는 데 크게 도움이 된답니다.

일기 쓰는 데 도움이 되는 습관, 어떤 게 있을까요?

관찰

'관찰'은 사물이나 일어나는 일 등을 자세히 살펴보는 걸 말해요. 똑같은 일을 겪어도 관찰을 잘한 사람과 그렇지 않은 사람의 글은 완전히 달라요. 아래의 일기들을 읽어 보세요.

〈누나의 일기〉
오늘 이모가 우리 집에 오셨다.
이모는 용돈을 주셨다.

〈민수의 일기〉
오늘 이모가 우리 집에 오셨다.
이모는 까만 옷에 꽃무늬 가방을 들고 오셨다. 머리는 갈색으로 염색하셨다.
나와 누나를 보고는 환하게 미소 지으며 반가워하셨다.
가방에서 지갑을 꺼내 용돈을 만 원씩 주셨다. 엄마는 괜찮다고 말리셨지만 이모는 누나와 내 손에 돈을 꼭 쥐여 주셨다.
"이걸로 맛있는 거 사 먹어."

　누나와 민수는 같은 시간에 같은 사람을 만나서 똑같이 용돈을 받았어요. 하지만 민수의 일기에는 더 많은 내용이 담겨 있어요. 왜 그럴까요?
　민수는 이모의 옷, 가방, 머리 색깔, 표정 등을 꼼꼼히 관찰했어요. 관찰한 내용을 적었더니 시간이 지나도, 누가 읽어도 이모의 모습을 잘 떠올릴 수 있어요. 누나의 일기를 보면 이모가 만나자마자 아무 말 없이 용돈을 준 것 같아요. 하지만 민수의 일기를 읽어 보면 엄마와 이모가 했던 말, 행동을 자세히 알 수 있어요.
　관찰을 잘하면 일기 쓸 거리가 늘 넘쳐 난답니다. 열심히 관찰하고 그 내용을 일기에 담아 봐요!

기억과 메모

아무리 관찰을 잘해도 그걸 기억하지 못하면 일기에 쓸 말이 아무것도 없을 거예요. 하루를 보내다가 뭔가 특별한 일이 일어나면, '이건 나중에 일기에다 꼭 적어야지!'라고 생각하며 기억해 보세요. 보통 그날 일어났던 일은 기억하고 쓰는 데 큰 무리가 없을 거예요.

그런데 일기를 그날 안 쓰고 밀려서 쓰는 경우가 종종 있어요. 며칠이 지나면 아무리 특별한 일이라도 기억이 잘 안 나요. 그럴 때는 메모를 하세요. 메모장이나 일기장 모서리에 그날 있었던 일을 한두 줄 정도 간단히 적어 놓는 거예요. 짧게라도 메모가 남아 있으면 금방 기억이 나고, 메모에 살을 덧붙이기만 하면 되니 일기를 금방 쓸 수 있어요.

많이 읽고 많이 생각하기

옛날 중국에 구양수라는 사람이 있었어요. 그는 글을 잘 짓는 세 가지 비결로, '많이 듣고, 많이 읽고, 많이 생각하라.'를 꼽았어요. 이 방법은 매우 유명해서 오늘날까지 전해 내려오고 있어요.

글을 많이 읽는 것, 즉 독서를 많이 하면 일기를 쓰는 데 큰 도움이 돼요. 좋은 글을 많이 읽으면 내 글도 좋은 점을 본받아서 점점 나아지거든요.

또 생각을 깊게 하는 것도 좋은 습관이에요. 남들과 다른 생각이 드러나고 나만의 느낌을 담은 일기가 나다운 일기, 내 색깔이 있는 일기,

훌륭한 일기예요.

달력 보기

일기를 쓰기 전에 달력에서 오늘이 어떤 날인지 찾아보세요. 명절처럼 쉬는 날이 아니어도 특별한 기념일이 많아요. 봄이 되어 겨울잠을 자던 개구리가 깨어난다는 '경칩', 가을이 시작된다는 '입추', '세계 물의 날', '장애인의 날' 등등……. 예를 들어 오늘이 4월 20일이고 '장애인의 날'이라면, 장애를 가진 사람을 만났던 일과 그때 느꼈던 감정 등을 쓸 수 있어요.

달력이 집에 없다면 어떻게 할까요? 인터넷에서 '기념일 달력'을 찾아보세요. 그달의 기념일을 금방 알 수 있어요.

그날에 맞는 주제를 잘 풀어낸 일기는 아주 의미 있고 특별한 일기가 될 거예요.

8월의 일기

8월

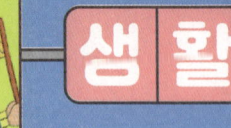

생 활

8월 1일
월 요일

날씨: 이글이글 해님이 불타오르는 날

제목: 아이스크림

오늘은 엄마가 냉장고 정리하시는 걸 옆에서 구경했다. 그런데 냉동고 깊숙한 데서 아이스크림이 나왔다. 나는 보자마자 너무 기뻐서 냉장고 옆으로 다가갔다.

"내 거다! 이거 먹을래요."

내가 아이스크림을 들자 엄마는 손을 내밀어서 빼앗아 가셨다.

"안 돼. 냉동고에 넣은 지 1년은 넘은 거야. 버려야겠어."

"아니, 먹을 수 있어요. 주세요!"

나중에는 화를 냈더니 엄마도 그만하라고 큰소리로 꾸짖으셨다. 나는 너무 속상해서 눈물이 나오려고 했다.

지난번에 엄마가 "얼려 놓은 밥을 해동하면 새 밥 같아."라고 하셨는데……

'아이스크림도 얼어 있는 거니까 늘 새것 같잖아!'

나는 속으로 생각했다. 아이스크림이 눈앞에 있는데도 먹을 수 없다니, '그림의 떡'이나 다름없었다.

가슴속이 부글부글 끓어올랐다.

따옴표는 어떤 문장 부호일까?

오늘 일기에는 작은따옴표(' ')와 큰따옴표(" ")를 적절하게 사용했구나. **입 밖으로 소리 내어 말할 때는 큰따옴표, 마음속으로 생각할 때는 작은따옴표를 쓰지.**

또한 인용할 때도 사용해. "얼려 놓은 밥을 해동하면 새 밥 같아."는 엄마가 한 말을 그대로 옮겨 적은 거야. 이런 걸 직접 인용이라고 해. 그럴 때는 큰따옴표를 써야 해. '그림의 떡'처럼 단어나 이름을 인용할 때는 작은따옴표를 쓰지.

어려운 부분인데 정확하게 응용해서 일기에 썼구나. 민수야, 정말 잘했어. 내일은 엄마가 민수 좋아하는 아이스크림을 하나 사 줄게!

생활

8월 4일
목요일

날씨: 바깥은 너무 덥지만 우리 가족은 아주 시원했던 하루

제목: 수영장에 간 날

오늘 먹은 햄버거는 꿀맛이었다. 특히 오늘은 기다리고 기다리던, 수영장에 갔다 와 햄버거를 먹어서 더 맛있었다.

며칠 전부터 구민회관 수영장에 가고 싶어 엄마를 졸랐다.

드디어 오늘이 그날이었다.

구민 수영장은 택시를 타고 15분쯤 가면 있다. 우리 가족이 수영장에 들어갔을 때는 사람들이 벌써 많이 와 있었다.

마음이 급해져서 옷을 후다닥 갈아입었다. 수영장에 들어가기 전에 준비 운동을 해야 한대서 또 마음이 급해졌다.

대충 하고 얼른 물속에 풍덩!

누나는 수영 학원에서 수영을 배운 적이 있다. 배영이랑 평영을 여러 번 했다. 누나도 접영까지는 못 배웠다고 했다. 나한테 자유형을 가르쳐 줬는데 금방 시시해져서 그냥 내 마음대로 했다. 그게 훨씬 더 재미있었다.

엄마의 편지

흐름을 생각하며 글을 쓰자!

수영장에 가서 노니 정말 즐거웠지? 기쁘고 설레는 마음이 일기에 잘 나타나 있구나.

오늘 일기는 아주 독특해. 왜냐하면 시간 순서대로 쓰지 않고 순서가 뒤섞여 있기 때문이야.

① 수영장에 갔다. ② 수영을 했다. ③ 수영장 밖으로 나와서 햄버거를 먹었다.

이렇게 써야 사건이 일어난 순서대로 쓴 건데, 민수는 이렇게 썼어.

① 수영장 밖으로 나와서 햄버거를 먹었다. ② 수영장에 갔다. ③ 수영을 했다.

보통은 시간 순서대로 차근차근 글을 쓰는 게 맞지만, 햄버거가 수영 후에 먹어서 맛있었다는 점이 강조되어 어색하지 않네. 가끔은 이렇게 시간의 순서를 바꾸어서 일기를 쓰는 것도 재미있겠다. 물론 글이 전체적으로 어색하지 않아야겠지?

특별 상상

8월 7일
일 요일

날씨: 끈적끈적 습기가 가득해서 선풍기를 내내 틀었던 날

제목: 내가 유튜브 영상을 만든다면?

승필이가 유튜브를 시작했다!

스마트폰을 선생님께 제출하기 전에 승필이는 스마트폰을 꺼내더니 '우리 동네 골목길'이라는 제목의 채널을 만들었다고 말했다. 아이들이 우르르 모여서 영상을 보았다. 승필이가 동네의 골목길을 돌아다니면서 소개하는 내용이었다.

보는 사람은 거의 없었지만 진짜 멋있고 대단해 보였다.

만일 내가 유튜브를 한다면 어떤 영상을 만들까? 나는 게임을 좋아하니까, 게임 영상이 제일 좋을 것 같다. 그런데 게임 영상은 너무 많다. 게다가 게임 화면을 녹화하는 법을 잘 모르겠다.

뭘 먹는 영상은 어떨까? 많이 못 먹기는 하지만…… 햄버거 라면 두 개는 먹을 자신이 있다. 감자튀김까지 다 합쳐서.

축구하는 모습을 담아 볼까? 그런데 나는 축구를 직접 하

는 걸 좋아하니까 찍는 건 남이 해 줘야 한다. 나는 스마트폰도 카메라도 없는데. 스마트폰이 있는 경철이랑 같이 해야 할까?

내일 경철이랑 이야기해 봐야겠다.

고민을 글로 정리해 보자!

민수가 꾸준히 영상을 만들 수 있으면서도 남들이 좋아해 줄 주제는 무엇일까? 이왕 고민을 시작했으니까 유튜브용 영상도 한 편 찍어 봤으면 좋겠다. 엄마도 적극적으로 도와줄게.

오늘 일기는 민수의 고민이 가득 담겨 있어서 참 좋다. 민수가 일기에 솔직하게 적어 주니 엄마도 함께 고민할 기회가 생기고 말야. 앞으로도 **고민을 글로 정리하다 보면 답을 얻는 데 도움이 될 거야!**

여행

8월 12일
금 요일

날씨: 햇볕이 너무 세서 구름이 다 도망간 날

제목: 시골에 놀러간 날

어제는 태권도 학원을 빠지고 할아버지 할머니 댁으로 여행을 갔다. 아빠가 차를 두 시간 넘게 운전하셨다. 창밖에 논도 보이고 나무랑 산이 많이 보였다.

할아버지와 할머니 집은 2층이고 마당이 넓었다. 두 분은 누나랑 나를 안아 주셨다. 나는 그동안 할아버지 할머니가 너무 보고 싶었다. 전화만 하다가 드디어 만나니까 꿈만 같았다.

시골에는 논이 있고 가까운 곳에 바다도 있다. 그래서 점심밥을 먹고 사촌형이랑 고모랑 바닷가에 놀러갔다.

넓고 푸른 바다를 보니까 마음까지 넓어지는 것 같았다. 짭쪼롬한 바다 냄새가 콧속을 파고들었다. 형은 낚시를 했는데 고기를 한 마리도 못 잡았다. 그래도 신발을 벗고 모래밭을 걸으면서 재미있게 놀았다. 밤새 이런저런 이야기를 하

다가 새벽에 잠들었다.

어젯밤에 모기장 안에서 잤는데도 모기한테 많이 물렸다.

고모께서 약을 발라 주셨다.

아침밥을 먹고 누나랑 젤리를 사러 슈퍼에 갔다. 슈퍼에 가려면 한참을 걸어야 했다. 그런데 젤리가 없었다. 그래서 과자랑 사이다만 사 왔다.

형이랑 수박밭에 가서 수박을 따 왔다. 나는 참외를 몇 개 땄다. 형이 선물이라며 집에 가져가라고 했다.

점심을 먹은 뒤 아빠가 이제 집에 가야 한다고 말씀하셨다. 할머니는 수박, 참외, 떡을 싸 주셨다.

"할아버지, 할머니. 다음에 또 올게요."

우리는 여러 번 인사를 했다.

자동차를 타고 집에 오는 길. 나는 꾸벅꾸벅 졸았다.

엄마의 편지

여행 일기는 어떻게 써야 할까?

먼 곳에 여행을 가서 본 것, 알게 된 것, 느낀 것들을 적은 일기를 '여행 일기'라고 해.

여행 일기는 특히 시간 순서대로 쓰는 게 중요해. 오랫동안 여행을 갈 때는 몇 월 며칠에 무슨 일들이 있었는지 메모를 해 놨다가 일기를 쓰면 더 도움이 될 거야. 그리고 글을 마무리하면서 **이번 여행을 통해 새로 알게 된 점, 느낀 점, 특별하게 들었던 감정 등을 적으면서 정리하면 돼.**

민수의 여행 일기에는 특히 바다를 보고 느낀 점들이 잘 나타나 있어. 바다의 생김새, 색, 냄새 등등······. 엄마는 바닷가에 안 갔지만 민수의 글을 통해 바다를 만날 수 있었어.

어제 아침부터 오늘 저녁까지 일기에 잘 녹아들어 있구나. 1박 2일 동안의 훌륭한 여행 일기, 잘 썼어.

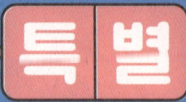

특별 권유

8월 14일
일 요일

날씨: 뜨거운 햇볕에 이불 빨래가 금방 마른 날

제목: 일기 쓰는 게 좋아

"아, 난 일기 쓰는 게 제일 귀찮고 싫어!"

일기를 쓰다가 누나가 짜증을 냈다.

"넌 왜 일기를 매일 열심히 써? 도대체 왜 그런 거야?"

나는 뭐라고 대답해야 할지 몰라서 아무 말도 안 했다. 아까 누나한테 하고 싶었던 말이 지금 떠올라서 일기에 써 본다.

누나에게.

누나, 난 일기 쓰는 게 좋아.

왜냐하면 매일 다른 일이 일어나기 때문이야. 매일 학교에 가고 같은 친구를 만나도 날마다 다른 일기 주제가 생기거든.

또 일기를 쓰다 보면 내 마음을 더 잘 알 수 있지. '아, 친구가 이렇게 말해서 나는 이런 느낌이 들었구나.' 이럴 때가

참 많아. 그래서 생각이 조금 깊어지는 것 같아.

무엇보다, 내가 쓴 일기들을 나중에 다시 읽어 보면 굉장히 재미있어! 내가 주인공으로 나오는 동화책을 읽는 것 같아.

어때, 누나도 일기를 더 재미있게, 잘 쓰고 싶지 않아?

-민수가

 엄마의 편지

권유 일기는 어떻게 써야 할까?

민수가 일기를 잘 쓰는 이유가 있었구나. 일기 쓰기에 대해 이렇게 진지한 생각을 가지고 있는 줄 몰랐어. 오늘 일기는 누나에게 일기 쓰기를 권하는 '권유 일기'라고 해도 되겠는걸? 권유 일기는 **누군가에게 좋은 걸 권할 때 '내가 어떻게 설득할까?' 고민하고 쓴 일기야.** 좋은 점, 뛰어난 점, 도움 되는 점을 차근차근 써 주면 돼.

국경일

광복절

8월 15일
월 요일

날씨: 흐리고 찜통처럼 무더워서 땀이 줄줄 나는 날

제목: 광복절

오늘은 광복절이다. 광복절은 우리나라를 일본에게서 되찾은 날이다. 일본은 예전에 우리나라를 빼앗아 다스렸다. 우리 조상님들이 나라를 되찾으려고 하면 잡아가고 괴롭혔다고 한다. 그런데 일본이 8월 15일에 물러갔다. 다행이다.

오늘은 말복이기도 하다. 말복이 뭘까? 찾아보니까 몹시 더운 때인데 초복, 중복, 말복이 있다고 한다. 말복만 지나면 좀 시원해진다고 한다. 그럼 가을이 곧 오는 걸까? 어서 집 밖에 나가 놀았으면 좋겠다. 축구를 하고 싶은데 너무 덥다.

저녁에 엄마가 장엇국을 끓이셨다. 아빠는 두 그릇이나 드셨다. 하지만 나는 별로 안 좋아해서 많이 남겼다.

엄마의 편지

일기 하나에는 한 가지 주제로!

광복절도 말복도 1년 중에 특별한 날이지. 민수는 공휴일이나 명절마다 그날이 어떤 날인지 찾아보고 일기에 적는구나. 덕분에 엄마도 안 잊어버리고 참 좋다. 오늘 하루가 얼마나 의미 있는지 잘 느껴지네.

오늘 일기에는 광복절과 말복을 함께 다루었는데, **하루에 일어난 두 가지 중요한 글감을 모두 일기에 써도 돼.**

한데 하루에 있었던 일을 너무 많이 적으면 글이 산만해지지. 광복절과 말복까지는 괜찮았는데 장엇국 이야기까지 나오니까 주제가 세 개나 되어서 무엇이 중요한 이야기인지 알 수 없었어.

보통 일기를 쓸 때 그날 하루에 있었던 일들을 죄다 쓰는 경우가 많아. **앞으로는 한두 가지 주제에 집중해서 쓰는 게 좋겠어.**

8월 22일
월 요일

날씨: 소금 시원한 바람이 운동장 모래를 살살 건드린 날

제목: 개학

오랜만에 학교에 갔다. 친구들을 보니까 기분이 두둥실 떠오를 정도로 좋았다.

"승필아, 안녕?"

"안녕, 잘 지냈어?"

개학식을 하고 교실에 왔다. 그런데 선생님을 보는 건 좀 무서웠다. 왜냐하면 방학 숙제를 다 못 했기 때문이다.

선생님은 다 못 푼 문제들을 보시고, "얼마 안 남았는데? 민수야, 오늘 집에 가서 해 올래?" 하셨다.

나는 "네!" 하고 대답했다. 그랬더니 마음이 환한 오늘 하늘처럼 맑아졌다.

집에 와서 숙제를 했다. 어제는 그렇게 하기 싫었는데, 오늘은 별로 안 힘들었다. 다음에는 꼭 숙제를 다 해 가야지.

엄마의 편지

반성과 다짐을 적어 보자!

아, 얼마 안 남은 수학 문제를 다 안 풀고 갔구나. 엄마가 체크했어야 했는데 깜빡 잊고 있었네. 다음에는 방학이 끝나기 전에 다 했으면 좋겠다.

숙제를 다 못 해서 불안했던 마음이 선생님 말씀에 싹 날아갔구나. 내 감정과 마음이 어떻게 변해 가는지 잘 드러난 일기야.

특히 '다음에는 꼭 숙제를 다 해 가야지.' 이 부분! 스스로를 반성하고 앞으로 어떻게 하겠다는 다짐을 적어서 기특했어. 일기에 반성과 다짐을 쓰다 보면 민수의 행동이 조금씩 더 나아질 거야.

학습 관찰

8월 24일 수요일

날씨: 비 그치고 시원한 바람이 불어서 상쾌했던 날

제목: 지렁이

어제 비가 와서 그런가, 아파트 화단 곁에 지렁이가 몇 마리 있었다. 너무 징그러워서 소리를 질렀다.

엄마가 이렇게 말씀하셨다.

"지렁이는 생긴 건 징그러워도 굉장히 좋은 벌레야. 땅을 여기저기 파서 흙이 숨을 쉬게 해 주거든. 지렁이 똥은 좋은 거름이 되어서 식물들이 잘 자라게 해."

나는 지렁이가 그렇게 좋은 일을 하는지 몰랐다. 그래도 징그러운 건 어쩔 수가 없다.

방금 인터넷으로 지렁이를 찾아봤다. 진짜 엄마 말씀대로 좋은 일을 많이 하네. 그런데 사진으로 크게 보니까 더 징그럽고 무서웠다. 그나마 지렁이가 작아서 다행이다.

엄마의 편지

알게 된 내용을 좀 더 자세히 써 볼까?

지렁이가 참 징그럽게 생기긴 했지. 민수 마음을 이해해. 근데 인터넷으로 지렁이에 대해 찾아봤다고? 정말 잘했어. 덕분에 지렁이를 더 자세히 알게 되었겠네.

오늘 일기는 지렁이에 대한 '관찰 일기'가 될 수도 있고 지렁이에 대해 찾아서 썼으니 '학습 일기'가 될 수도 있겠어.

관찰 일기를 쓰려면 지렁이를 더 열심히 살펴보면 돼. 그렇게 해서 발견한 내용을 적는 거지. 그림을 그려도 좋아.

학습 일기를 쓰려면 지렁이에 대해 공부하고 알게 된 것들을 쓰면 되고. 다음에는 관찰 일기든 학습 일기든 좀 더 자세히 써 보면 좋겠어.

생활

8월 27일
토요일

날씨: 어제보다는 덜 더웠던 날

제목: 내 생일

오늘은 내 생일이다. 아침에 일어나니까 미역국이랑 갈비찜, 하얀 크림이 듬뿍 들어간 케이크가 차려져 있었다. 엄마랑 아빠랑 누나가 생일 축하 노래를 불러 줬다.

엄마는 공룡 인형을, 아빠는 책 사라고 문화 상품권을 주셨다. 누나는 '사이버 몬스터' 카드 세트를 주었다! 나는 누나 생일 때 편지만 써 줬는데. 너무 놀랐다. "진짜 고마워."라고 말했다.

일요일에 엄마랑 상품권으로 내가 보고 싶은 책을 사러 가기로 했다. 나는 사실 책이 아니라 로봇을 사고 싶은데. 그래도 너무너무 기쁘고 행복한 생일이었다.

엄마의 편지

솔직한 일기는 언제나 생생해!

생일날 무슨 일이 있었는지, 어떤 느낌이었는지 잘 알 수 있네. 무엇보다 민영이의 깜짝 선물이 참 놀라웠지? 평소엔 투닥거려도 민영이가 민수를 얼마나 위하는지 몰라. 자기 용돈을 아껴서 민수의 선물을 샀으니까.

민수는 책이 아니라 로봇을 사고 싶었구나. 엄마는 문화 상품권으로는 책을 사는 게 더 좋은데.

그래도 솔직한 마음을 적어 줘서 참 좋다. 덕분에 민수가 무엇을 원하는지 알 수 있었어. 민수는 일기를 솔직하게 쓰는 아이야. 무엇보다 그 점을 진심으로 칭찬하고 싶어.

민수야, 오늘 생일을 다시 한번 축하해!

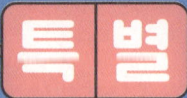

8월 28일
일 요일

날씨: 그늘을 찾아다니게 되는 더운 날

제목: 승필이네 동생

놀이터에서 노는데 승필이가 자기 동생을 데려왔다. 엄마가 잠시 봐 달라고 했다고 말했다.

나랑 경철이, 태우가 그네를 타니까 동생이 자기도 타고 싶다고 했다. 승필이가 그네에 태워 줬더니 잘 탔다. 그런데 계속 그네만 타겠다고 했다. 우리는 다른 것도 타고 싶은데 뒤에서 자꾸 밀어 달라고 했다. 승필이가 안 밀어 줬더니 울었다. 우는 걸 달래느라고 힘들었다.

그런데 나에게도 동생이 있다면 어떨까?

남동생이면 매일 데리고 놀 것 같다. 축구랑 게임을 가르쳐 줘야지. 아니, 게임은 안 가르쳐 줘야겠다. 서로 노트북을 차지하려고 다툴 것 같기 때문이다.

여동생이면 자주 울지 않을까? 좀 곤란하긴 한데……. 그럴 때는 승필이한테 좀 봐 달라고 해야지. 아, 맞다! 승필이

여동생이랑 같이 놀게 해 주면 되겠구나.

나는 승필이랑 친구, 내 여동생은 승필이 여동생이랑 친구.

그렇게 넷이 놀아야지.

엄마의 편지

새로운 가족의 모습을 상상해 보자!

'나에게 동생이 있다면?' 이렇게 가정하니까 참 재미있다. 가족은 나에게 가장 가깝고 소중한 사람들이지. **지금과 다른 가족의 모습을 상상해 보는 것도 흥미진진한 글감이네.** 요즘은 반려동물도 가족으로 삼으니 새로운 반려동물 가족을 상상해 보는 것도 재미있겠다. 또 내가 아빠나 누나가 되어 보는 것도 참 색다르겠다! 이렇게 하면 '가족'을 주제로 다양한 일기를 쓸 수 있겠지?

나만의 꿀팁

글 잘 쓰는 법

초등학교에 들어가면 '일기 쓰기'를 배웁니다. 왜 그럴까요? 매일 한 장씩 글을 쓰다 보면 글짓기와 친해지고, 어떤 글이 좋은 글인지 알게 되며, 자신감이 생기거든요. 즉 일기 쓰기는 글짓기의 좋은 연습이라 할 수 있어요. 그렇다면 좋은 글을 쓰려면 어떻게 해야 할까요?

솔직하게 쓰기

누가 읽어도 글쓴이의 마음이 잘 전해지는 글, 마음을 움직이는 글은 바로 '솔직한' 글입니다. 자신에게 일어난 일과 생각, 감정을 그대로 쓴 글이에요. 그런데 솔직하게 글을 쓰기란 정말 어려워요. 남들이 알면 안 되는 부끄러운 일, 짜증 나서 당장 잊고 싶은 실수, 아무도 모르는 잘못, 떳떳하지 않은 생각까지 글로 적을 수 있나요?

사실은 다른 어린이들도 나만큼 실수, 잘못, 나쁜 생각을 합니다. 그래서 솔직한 글은 '아, 나만 이렇게 느끼는 게 아니구나.'라는 공감을 쉽게 이끌어 내요. 글쓴이의 용기에 박수를 보내고 싶어요.

만일 절대로 남에게 보여 줄 수 없는 내용을 쓰고 싶으면 어떻게 하지요? 비밀 일기를 써 보세요. 나만의 일기장을 만들어 아무도 모르는 곳에 보관하는 거예요. 엄마도 선생님도 볼 수 없는 비밀 일기장에 내 마음을 마음껏 펼쳐 놓으세요. 그러면 속이 정말 후련해질 거예요.

'육하원칙'에 맞춰 쓰기

육하원칙은 '누가, 언제, 어디서, 무엇을, 어떻게, 왜'를 뜻해요. 육하원칙을 다 넣어서 글을 쓰면 어떤 사건이 일어났는지 누구나 잘 알 수 있어요.

아래 그림을 보세요. 이 그림에서 벌어진 사건을 육하원칙으로 정리해 보았어요.

누가: 민수와 누나가
언제: 오후 3시쯤에
어디서: 놀이터에서
무엇을: 말싸움을
어떻게: 서로 노려보면서 큰 소리로
왜: 누나가 뛰다가 민수의 발을 밟아서

그림만 보면 '민수와 누나가 싸웠구나.' 정도만 알 수 있어요.
위의 육하원칙을 다 넣어서 글을 쓰면 어떨까요? 싸운 시간, 장소, 이유는 물론이고 어떻게 싸웠는지도 다 알 수 있어요. 빠진 내용이 없는 글, 충분한 정보가 담긴 글이 되지요.

시간의 흐름대로 쓰기

'아침밥을 먹고, 학교에 가고, 친구를 만났다.'

위의 글은 먼저 일어난 일과 나중에 일어난 일이 잘 정리되어 있어요. 그런데,

'친구를 만나고, 학교에 가고, 아침밥을 먹었다.'

라고 쓰면 어떻게 될까요?

읽는 사람이 "아침밥을 먹기 전에 친구를 만났다고? 새벽에 만났나? 왜 친구를 굳이 새벽에 만난 거지?"라며 혼란스러워요.

글을 생각나는 대로 쓰다 보면 이런 실수를 자주 해요. 친구와의 만남이 마음에 가장 많이 남아서 먼저 쓰고 싶었던 거지요. 하지만 보통 다른 사람들이 읽기에 편안한 글은 시간의 흐름대로 쓴 글이에요.

'오감'을 살려서 쓰기

사람에게는 여러 감각이 있어요. 눈으로 보고, 귀로 듣고, 코로 냄새를 맡고, 혀로 맛을 보고, 피부로 느끼지요. 이것을 다섯 가지 감각, 오감이라고 해요.

오감을 살려서 글을 쓰면 풍부한 느낌을 전할 수 있어요.

오감 없이 내 행동만 적은 글:
나는 한라봉을 먹었다.

오감을 살려서 적은 글:
나는 한라봉을 먹었다.
한라봉은 진한 주황색이었다. ← 눈으로 봄
껍질을 벗기자 알맹이가 말랑말랑했다. ← 손으로 느낌

오렌지와 밀감 같은 냄새가 났다. ← 코로 냄새를 맡음
입안에 넣자 새콤한 맛이 확 퍼졌다. ← 혀로 맛을 봄
"츅!"하고 과즙이 튀어나왔다. ← 귀로 들음

어때요? 여러분도 한라봉이 어떤 색, 감촉, 향기, 맛인지 생생하게 느껴지지요?

9월의 일기

생활

7월 1일
목요일

날씨: 시원한 바람이 이마의 땀을 씻어 준 날

제목: 바지가 찢어진 날

운동장에서 축구를 하고 놀았다. 내가 공을 차는 순간 바지에서 '뿌욱' 하고 소리가 났다. 축구하느라 정신이 없어서 몰랐는데 경철이가 "잠깐!" 그랬다.

나한테 다리 사이가 찢어졌다고 했다.

애들이 깔깔거리고 웃었다. 데굴데굴 구르는 애도 있었다.

나도 내가 좀 웃기기는 했지만 부끄러웠고 어이가 없었다.

어떻게 집에 가야 할지 막막했다.

태우가 자기한테 체육복 바지가 있다고 했다. 나는 이따가 빌려 달라고 했다.

축구는 끝까지 했다. 나는 한 골을 넣었고 우리 편이 이겼다. 끝나고 보니까 바지가 더 많이 찢어져 있었다.

태우의 체육복 바지를 입고 집으로 왔다. 애들이 자꾸 웃어서 창피했다. 그래도 이겨서 좋았다.

엄마의 편지

독특한 일은 꼭 일기에 남기자!

운동하다 보면 옷이 찢어질 때도 있지. 민수는 워낙 축구를 좋아하니까 바지가 찢어졌는데도 끝까지 했구나. 부끄러움을 이겨 낸 그 집중력 하나는 엄마가 인정하지 않을 수 없네.

오늘 일기에는 여러 가지 감정이 담겨 있어. 부끄러움, 어이없음, 기분 좋음 등등……. 바지가 찢어진 일처럼 **독특한 사건이 일어난 날은 일기를 꼭 써서 남기는 게 좋아. 지나고 나면 재미있는 추억이 될 테니까.**

9월 5일	날씨: 낮에는 여름처럼 덥다가 저녁에는 시원했던 날
월 요일	

제목: 엄마와 파마

학교에 갔다 와서 엄마한테 인사를 하다가 깜짝 놀랐다.

엄마의 머리카락이 꼬불꼬불하고 짧았기 때문이다.

"엄마, 머리가 어떻게 된 거예요?"

"응, 미용실에 가서 파마를 했어. 어때? 괜찮니?"

파마가 뭐냐고 물어보았더니 머리카락을 구불구불하게 해서

풍성해 보이도록 만드는 거라고 하셨다. 엄마는 자꾸 "예쁘

냐?", "보기 좋냐?"라고 물어보시고 거울을 자주 보셨다.

"엄마, 그런 거 안 해도 엄마는 늘 예쁘다고요."

그러자 엄마는 깔깔깔 웃으셨다. 듣고 있던 누나랑 아빠도

웃었다.

다들 농담을 한 거라고 생각했나 보다. 나는 진심인데…….

사실은 파마를 안 한 엄마가 더 나은 것 같다. 머리가 막

부풀어 있는 모습이 낯설고 좀 이상했다.

엄마의 편지

'관찰'하고 '기억'하는 습관!

민수가 엄마한테 "그런 거 안 해도 예쁘다."라고 말해 줘서 오늘 많이 웃었어.

파마를 막 했을 때는 낯설고 이상해 보일 수 있지. 아마 시간이 지나면 점점 자연스러워질 거야.

오늘 일기에는 **엄마의 모습과 행동, 했던 말 등이 아주 잘 드러나 있어.** 민수가 엄마를 열심히 들여다보며 **꼼꼼히 관찰하고 잘 기억했기 때문이지.** 그건 일기를 생생하게 쓰기 위해 꼭 필요한 습관이란다! 아주 좋은 습관을 가지고 있구나.

생활

9월 6일
화 요일

날씨: 뜨겁고 맑은 날

제목: 양념치킨

아빠가 일찍 퇴근하셨다. 아빠가 오시기 전에 엄마가 양념치킨을 시켜 주셨다.

나는 치킨만 먹고 싶었다. 엄마는 밥이랑 김치도 꺼냈다. 밥은 안 먹고 싶다고 했지만 엄마는 그러면 나중에 배가 고파서 안 된다고 했다.

가족들이 다 함께 치킨을 먹으니까 더 맛있었다. 한 입 먹을 때마다 입가에 물이 흘렀다. 내 침은 아니고 닭기름이었다.

누나는 치킨을 별로 안 좋아해서 자꾸 밥만 먹었다. 누나가 좀 고마웠다.

깐돌이가 식탁 위로 뛰어오르려고 했다. 자꾸 야옹거렸다. 깐돌이한테 조금 주려고 했는데 엄마가 치킨은 너무 짜고 뼈도 갈라져서 고양이한테 안 좋다고 하셨다. 그래서 깐돌이는 치킨을 하나도 못 먹었다. 깐돌이가 불쌍하다.

엄마의 편지

대화문은 일기에 생동감을 불어 넣어!

민수가 양념치킨을 워낙 좋아해서일까? 치킨 먹을 때 일어난 일을 아주 세세하게 썼어. 엄마가 한 말, 누나의 반응, 깐돌이에 대한 생각 등.

오늘 일기는 **여러 사람의 행동과 입장이 고루 묘사되어 참 좋다.** 이렇게 쓰기가 힘든데 일기에 잘 담아내었어.

그런데 오늘따라 일기에 대화문이 없네? 그래서 생동감이 좀 떨어지는 것 같아.

깐돌이한테 조금 주려고 했는데 엄마가 치킨은 너무 짜고 뼈도 갈라져서 고양이한테는 안 좋다고 하셨다.
→ "민수야, 깐돌이한테는 주지 마. 치킨은 너무 짜고 뼈도 잘 갈라지거든. 고양이가 먹으면 안 좋아."

엄마가 이렇게 말했었지? **대화문은 대화 내용을 잘 기억했다가 큰따옴표 안에 적으면 돼.**

9월

명절 — 추석

9월 10일
토요일

날씨: 선선한 바람이 불어서 가을이 왔다는 느낌이 든 날

제목: 추석

추석이라서 큰집으로 갔다.

종규 형이랑 민규 형을 볼 수 있어서 어제부터 가슴이 콩콩거렸다. 왜냐하면 종규 형이 저번에 게임기를 샀다고 했기 때문이다.

사촌 형, 동생이랑 작은방에 모여서 게임을 했다. 누나는 만화책을 보다가 가끔 게임하는 걸 보러 왔다.

"민수는 진짜 잘하네. 너 처음 하는 거 맞아?"라고 종규 형이 칭찬해 주었다. 나는 '종규 형이 진짜 우리 형이면 얼마나 좋을까?'라고 생각했다.

지난 설에 못 뵈었던 어른들도 오셨다. 음식 냄새가 집 안에 가득 찼다. 차례를 지내고 밥을 먹었다. 내가 좋아하는 동그랑땡을 냠냠 먹었다. 배가 부른데도 자꾸만 더 먹었다.

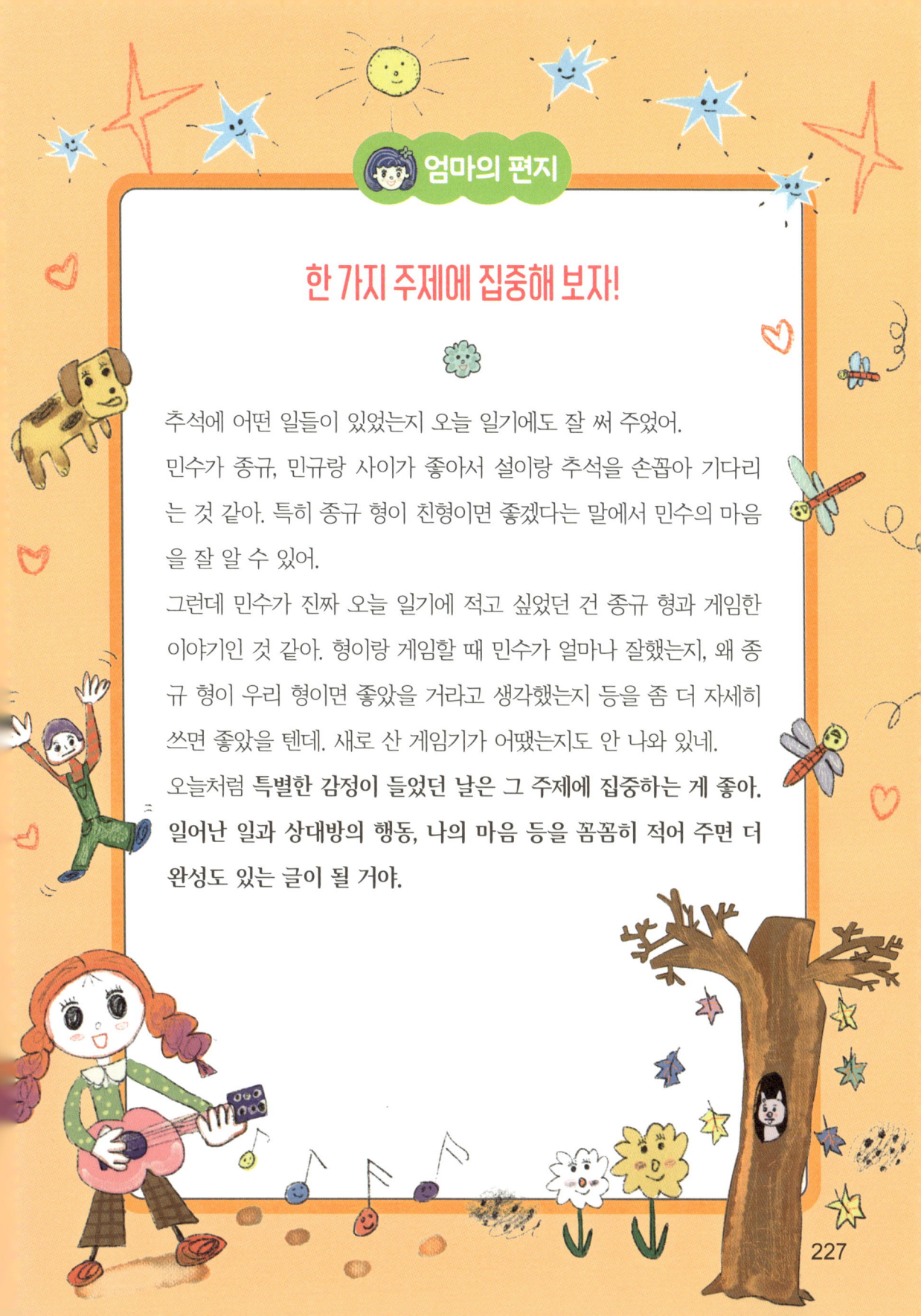

엄마의 편지

한 가지 주제에 집중해 보자!

추석에 어떤 일들이 있었는지 오늘 일기에도 잘 써 주었어. 민수가 종규, 민규랑 사이가 좋아서 설이랑 추석을 손꼽아 기다리는 것 같아. 특히 종규 형이 친형이면 좋겠다는 말에서 민수의 마음을 잘 알 수 있어.

그런데 민수가 진짜 오늘 일기에 적고 싶었던 건 종규 형과 게임한 이야기인 것 같아. 형이랑 게임할 때 민수가 얼마나 잘했는지, 왜 종규 형이 우리 형이면 좋았을 거라고 생각했는지 등을 좀 더 자세히 쓰면 좋았을 텐데. 새로 산 게임기가 어땠는지도 안 나와 있네.

오늘처럼 **특별한 감정이 들었던 날은 그 주제에 집중하는 게 좋아. 일어난 일과 상대방의 행동, 나의 마음 등을 꼼꼼히 적어 주면 더 완성도 있는 글이 될 거야.**

학습 관찰

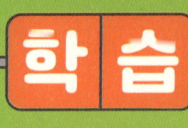

9월 14일 수요일

날씨: 덥지만, 선선한 바람이 불어서 괴롭지는 않았던 날

제목: 똘똘한 내 얼굴

지난 여름 방학 때 만났던 할머니도, 며칠 전에 처음 보았던 친척 아저씨도 모두 나에게, "민수는 참 똘똘하게 생겼네."라고 말씀하셨다.

'똘똘하다'를 인터넷에서 찾아봤더니 '매우 똑똑하고 영리하다.'라는 뜻이었다.

내 얼굴, 어디가 똑똑해 보이는 걸까? 거울을 가지고 와서 천천히 살펴보았다.

우선 내 눈은 크고 동그란 편이다. 쌍꺼풀은 없고 눈동자는 약간 갈색이다. 햇빛을 받으면 더 밝은 갈색으로 보인다.

코는 조금 큰 것 같다. 코딱지를 자꾸 파서 그런가? 콧구멍이 하늘을 바라보고 있는 것 같다.

입술은 진한 분홍색이고 입가 오른쪽에 점이 하나 있다.

내 생각에는 눈이 커서 눈동자도 커 보이고, 그래서 똘똘해

보이는 게 아닌가 싶다.

어쨌든 칭찬으로 들려서 기분이 좋다. 다음에는 '잘생겼다'라는 말도 듣고 싶다.

 엄마의 편지

나 자신도 훌륭한 글감이야!

오늘은 민수가 거울로 얼굴을 관찰하고 일기를 썼구나.

자기 얼굴의 생김새를 차분하게 빈틈없이 들여다보니까 어때? 매일 보던 얼굴인데도 새롭게 느껴지지?

사람에게는 누구나 자기 자신을 사랑하는 '자기애'가 있어. 내 몸에 관심을 갖고 사랑하는 건 자연스럽고 당연한 행동이야. 그러니, **거울에 비친 내 모습을 보고 느꼈던 여러 가지 감정을 일기에 담는 것 역시 훌륭한 글감이야!**

9월 생활

9월 16일
금요일

날씨: 시원한 바람이 꽃과 나무를 흔들었던 날

제목: 선생님의 심부름

선생님께서 쉬는 시간에 나랑 태우를 부르셨다. 교무실 책장에서 출석부 좀 가져다 달라고 하셨다. 나랑 태우가 갔는데 책장에 출석부가 없었다.

지나가던 4반 선생님께서 "너희들 뭐 하니? 수업 시작하는데."라고 하셨다.

출석부를 선생님께 가져다드려야 한다고 했다. 그러자 4반 선생님께서 우리 선생님 책상 위에 출석부가 있다고 하셨다.

선생님께 출석부를 가져다드렸다. 선생님께서 잘 찾아 왔다며 우리 둘을 칭찬해 주셨다. 그냥 포기할 수도 있었는데 책임감을 갖고 끝까지 찾았다며 다른 아이들에게 박수를 치라고 하셨다.

나는 쑥스러웠지만 정말 기분이 좋았다.

"책임감이 있다."라는 말이 마음속에 쏙 들어왔다.

엄마의 편지

새로운 표현을 생각해 보자!

선생님의 심부름을 훌륭히 해냈구나. 민수야, 정말 멋있어. 오늘 일기에는 뛰어난 표현이 있는걸?
"책임감이 있다."라는 말이 마음속에 쏙 들어왔다. 이 문장이야.
'들어왔다'는 보통 '사람이나 물건이 안으로 이동하다'라는 뜻으로 쓰는 말인데, 눈에 보이지 않는 '말'이 들어왔다고 쓰니까 참신하게 느껴져. 선생님의 말씀이 얼마나 기분 좋았는지, 얼마나 민수의 마음에 쏙 들었는지 아주 잘 느껴져.
비슷한 표현도 있어.

"책임감이 있다"라는 말이 인상적이었다.
"책임감이 있다"라는 말이 가슴 속 깊이 새겨졌다.

심부름도 잘하고 일기도 멋있게 쓰니까 엄마도 흐뭇하게 웃음 지었어.

생활

9월 20일
화 요일

날씨: 화창하고 맑은 날

제목: 발표 수업

오늘 2교시에 '나의 취미'에 대해 발표했다. 취미는 내가 '쉬는 시간에 즐겁게 하는 일'이라고 한다.

나는 취미가 너무너무 많다. 먼저 축구를 자주 한다. 만화책 읽는 것도 좋다. 집에 있는 만화책은 다 봤다. 본 책을 또 볼 때도 있다. 태권도는 학원에서 늘 배우고 있다. 가끔 스케치북에 그림을 그린다. 텔레비전도 보고 엄마의 스마트폰도 보고 노트북을 보기도 한다. 참! 게임도 매일 한다.

내가 길게 발표하니까 애들이 놀랐다. 선생님도 이렇게 취미가 많은 학생은 드물다면서, 놀라워하셨다. 선생님은 그 중에서 가장 좋아하는 취미는 뭐냐고 물으셨다.

"잘 모르겠어요……. 다 좋아요."

진짜 다 좋아하니까 고를 수가 없다.

엄마의 편지

제목은 내용에 맞게!

민수는 취미 부자로구나. 많은 취미 중에서 일기에 자세히 써 보고 싶은 게 있니? 만일 그렇다면 취미 일기를 한번 써 보렴. **내 취미는 무엇인지, 어떻게 하는지, 그 취미 생활을 할 때 어떤 점이 즐거운지 적는 거야.**

한데 오늘 일기의 제목은 '발표 수업'인데 거기에 대한 내용은 별로 없고 민수의 취미에 대해서만 잔뜩 적은 느낌이 들어. 제목이 '발표 수업'이니까 수업할 때의 느낌이 어땠는지, 다른 친구들은 어떤 발표를 했는지, 발표할 순서가 다가오기까지 민수가 어떤 생각을 했는지, 발표 수업을 마치고 나서는 또 어땠는지……. **제목과 주제와 글의 내용이 같게 써 보자.**

9월 특별 취미

9월 22일
목요일

날씨: 덥지도 춥지도 않아 딱 좋은 날씨

제목: 취미 일기

나는 취미가 많아서 쉬는 시간에도 늘 바쁘다. 그중에서 '게임하기'가 가장 즐겁다. 요즘은 축구 게임을 가장 즐겨 한다. 게임 속 캐릭터들이 내가 지시한 대로 움직이면 너무 신난다. 게임을 하면 시간이 어떻게 지나가는지 모르겠다. 하루에 두 시간만 해야 하는데 그만둬야 할 때면 짜증이 나기도 한다.

게임은 혼자 해도 재미있지만 다른 애들이랑 같이하면 더 재미있다. 가끔 친구들 집에 가서 함께할 때마다 너무너무 즐겁다.

승필이 집에는 게임기가 많고 플스도 있다. 주말마다 형이랑 아빠랑 같이 게임을 한다고 한다. 진짜 부럽다.

엄마의 편지

일기에 충분한 감정을 담아 보렴!

민수의 취미 중에서 '게임'은 빠질 수가 없지. 늘 두 시간 넘게 하려고 해서 엄마랑 싸우잖아.

게임이 나쁜 건 아니지만, 중독성이 너무 강해서 제시간에 그만두는 게 힘들다는 점이 가장 큰 문제야. 그래도 민수는 숙제도 잘하는 편이고 태권도 학원도 늦지 않게 가곤 하지. 엄마는 그 점이 참 대견해.

오늘 '취미 일기'는 민수가 게임을 얼마나 좋아하는지 잘 나타나 있어. 좋아하는 감정, 짜증 나는 감정, 부러운 감정……. 이렇게 **느낌이 풍부한 일기가 좋은 일기야.**

생활

9월 29일
목요일

날씨: 회색 구름이 잔뜩 몰려와서 흐린 날

제목: 인공 지능 스피커

오후에 택배가 와서 엄마가 상자를 뜯어 보셨다.

"우리도 인공 지능 스피커를 써 보자."

"그게 뭔데요?"

엄마는 종이 상자에서 동그란 스피커를 하나 꺼내더니 코드를 꽂으셨다. 그리고 설명서를 한참 들여다보며 이런저런 버튼을 누르셨다. 나랑 누나는 별생각 없이 거실에서 텔레비전을 보고 있었다. 한참 뒤 엄마는 이렇게 말씀하셨다.

"헤이, ○○! 신나는 음악을 틀어 줘."

나랑 누나는 '엄마가 왜 저러시지?'라는 눈으로 지켜보았다.

그런데 놀랍게도 스피커가 대답을 하는 게 아닌가!

"네, 알겠습니다. 신나는 댄스 음악을 틀겠습니다."

진짜로 댄스 음악이 스피커에서 흘러나왔다. 너무 신기해서 우리는 입을 크게 벌렸다.

인공 지능 스피커는 우리가 지시한 대로 노래를 틀어 주고, 날씨가 어떤지도 금방 알려 주었다. 갑자기 미래에 온 것 같았다. 하인이 한 명 생긴 느낌도 들었다. 스피커가 아니라 로봇이면 얼마나 더 좋을까? 간식도 차려 주고 세수도 시켜 주고 내가 어지른 걸 대신 치워 주는 로봇. 내가 크면 그런 로봇을 하나 만들어보고 싶다.

 엄마의 편지

다양한 생각을 적으면 일기가 풍성해져!

처음 보는 물건을 어떤 과정으로 설치했는지, 스피커가 무슨 역할을 했는지 차근차근 일기에 적어 주었네. 특히 경험한 일을 바탕으로 한 상상까지 적었더니 풍성한 글이 되었어. **하나의 주제에 관해 다양한 생각을 들려 줘서 좋구나. 앞으로도 일기에 민수의 여러 가지 생각을 펼쳐 보렴.**

9월 30일
금요일
날씨: 내 마음처럼 어둡고 흐린 날

제목: 가장 듣기 싫은 말

오늘 수학 시험을 쳤는데 아는 문제도 실수로 틀렸다. 열 개 가운데 다섯 개나 틀린 건 처음이었다.

엄마는 무척 화가 나셨다. 그래서 내가 가장 듣기 싫은 말을 하셨다.

"공부 좀 해라!"

이 말을 들을 때면 힘이 쭉 빠지고 짜증이 나고 화가 난다. 나는 엄마, 아빠, 선생님께 공부하라고, 하기 싫은 일을 하라고 지시하지 않는데, 어른들은 매일 아이들에게 공부하라고 한다. 다음으로 내가 듣기 싫어하는 말은 "그만해!"이다. 게임도 그만해라, 노는 것도 그만해라, 그만 자라 등등. 내가 뭘 하려고만 하면 금방 못 하게 한다. 그럴 때면 마음이 불 꺼진 방처럼 어두워진다.

마지막으로 내가 듣기 싫은 말은 "한 번만 더 그러면 혼날 줄 알아!"이다. 이 말을 들으면 벌써 혼이 난 기분, 벌 받는 느낌이 든다. 그리고 이 말을 하는 엄마가 나를 미워하는 것처럼 느껴져서 슬프고 외로워진다.

솔직한 일기는 상황을 바꾸는 힘이 있어!

오늘 민수의 일기를 보고 엄마는 가슴이 아팠어. 엄마의 말에 민수가 얼마나 상처받았는지 느껴졌거든.
무엇보다도 이렇게 솔직하게 쓰는데 큰 용기가 필요했을 거야. 엄마에게 말로 하기 힘든 일을 글로 써 주니 엄마도 반성하고, 앞으로 민수와 어떻게 대화해야 할지 알게 되었어.
시험을 못 보았다고, 쓴소리 들었다고 너무 실망하지 마. 민수가 가진 백 점짜리 용기로 앞으로 더 노력할 수 있을 테니. 엄마도 옆에서 민수를 도울게!

나만의 꿀팁

제목 짓는 법

　일기에 제목을 짓는 건 아주 신나는 일이에요. 왜냐고요? 내 마음대로 정할 수 있으니까요! 일기 제목에는 정답이 없어요. 일기를 쓰기 전에 제목을 적든, 다 쓴 후에 적든 내 마음이에요. 지금부터 아래의 일기를 읽고 다섯 가지 방법으로 제목을 지어 볼 거예요. 여러분도 다음과 같은 방법으로 일기 제목을 지어 보아요.

8월 26일 금요일
날씨: 해님이 더운 바람을 귓가에 훅훅 불었던 날
제목: (　　　　　　　　)

오늘은 누나 생일이다. 점심을 먹고 누나가 나한테 뒷산에 놀러 가자고 했다. 나는 너무 더워서 안 가고 싶었다. 하지만 누나의 생일이니까 억지로 따라갔다.
뒷산을 조금 오르는데 땀이 뻘뻘 났다. 짜증이 났다.

"이렇게 더운데 왜 산에 가는 거야?"

내가 그랬더니 누나가 말했다.

"저번에 아빠가 메뚜기 잡아 줬잖아. 잡은 뒤에 그냥 놓아 줬는데, 집에 데려가서 키우고 싶어서."

메뚜기를 키운다고? 귀가 솔깃했다. 갑자기 나도 그러고 싶어졌다.

누나와 나는 한참 동안 숲을 뒤졌다. 파리, 나비, 이상하게 생긴 벌레들이 있었다. 그런데 메뚜기는 보이지 않았다.

한참 후, 우리는 지쳐서 나무 그늘에 앉아서 쉬었다.

누나가 물병을 주었다.

물은 시원하고 맛있었다.

누나는 스마트폰을 꺼내서 나랑 사진을 찍었다.

"내 생일이라고 같이 와 줘서 고마워."

누나가 씩 웃었다.

나도 따라 웃었다.

"응. 생일 축하해."

일어난 사건에 대한 제목

제목: 메뚜기를 잡으러 가자!

나들이, 외식, 싸움, 실수, 놀이, 공부 등 그날 있었던 일이나 사건을 제목으로 삼을 수 있어요.

등장하는 사람에 대한 제목

제목: 누나와 나

일기에는 사람이나 사물이 등장해요. 나를 주인공으로 해서 내 주변의 사람들, 반려동물, 물건 등이 나오지요. 가족, 친척, 친구 등에 대해 일기를 썼다면 '할아버지', '내 친구 김태우'처럼 제목을 달아도 좋아요.

내가 느꼈던 감정에 대한 제목

제목: 짜증 나도 웃었던 날

일기에는 그날 있었던 일과 함께 나의 기분이나 감정을 적어요. 그 감정이 좀 특별했다면 제목에 넣어 보세요. '엄청 열 받았어!', '행복해.', '보고 싶고 그리워.' 등등. 제목만 봐도 그날 어떤 기분을 느꼈는지 알 수 있을 거예요.

특별한 날에 대한 제목

제목: 누나의 생일

나라에서 정한 기념일, 명절, 가까운 이의 생일, 휴가, 졸업식이나 입학식 등 특별한 날들이 있어요. 그런 날은 어떤 날인지만 제목에 적어도 일기의 내용이 잘 전해져요. 오직 그날에만 일어나는 일들이 있으니까요.

때와 장소에 대한 제목

제목: 한여름 오후, 뒷산에서

보통 때와 다른 곳에 갔나요? 때와 장소를 제목에 적어 보세요. 육하원칙의 '언제, 어디서'를 제목에 적는 거예요. 제목만 봐도 일기에 나오는 시간과 장소가 머릿속에 훤히 그려질 거예요.

10월의 일기

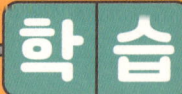

10월 1일	날씨: 베란다까지 바람이 불어서 난초 잎이
토요일	흔들린 날

제목: 국군의 날

아침에 밥을 먹는데 엄마가 말씀하셨다.

"민수야, 오늘 '국군의 날'인 거 아니?"

"그게 뭔데요?"

엄마는 국군의 날이 어떤 날인지 함께 찾아보자고 하셨다.

몇십 년 전. 우리나라에 전쟁이 났다고 한다. 북한군이 남쪽으로 다 몰려왔다. 그런데 북한은 힘이 세서 우리 군인들이 점점 밑으로 밀려 내려갔다. 그래서 땅을 거의 다 내주고 말았다.

그런데 우리 군인들도 가만히 당하기만 하지는 않았다. 열심히 싸워서 땅 한가운데까지 치고 올라갔다. 그날이 바로 1950년 10월 1일이었다. 그래서 10월 1일 '국군의 날'로 정했다.

"국군의 날은 원래 쉬는 날이었어. 요즘은 안 쉬니까 사람

들이 잘 모르는 것 같아. 오늘 하루는 군인 아저씨들을 생각하고 고마워해야지."

엄마가 말씀하셨다. 갑자기 군인 아저씨들한테 고마운 마음이 들었다.

 엄마의 편지

배운 내용을 자신만의 글로 적어 보렴!

오늘은 엄마랑 인터넷에서 찾아본 내용을 일기에 적었네. 억지로 하는 공부가 아니라 스스로 찾아서 하는 공부는 어때? 싫지 않지? 무엇보다도 사전의 내용 그대로를 일기장에 베껴 적지 않고, 민수가 이해한 내용을 민수의 말투로 적은 점이 아주 좋았어. **새로 알게 된 사실을 자기 걸로 만들고 내 나름대로 풀어서 썼잖아? 달달 외는 것보다 훨씬 더 오래 기억할 수 있을 거야.** 오늘 학습 일기는 아주 훌륭해!

생활

10월 3일
월 요일

날씨: 먹구름이 잔뜩 몰려왔지만 비는 안 온 날

제목: 개천절에 혼났다

오늘은 개천절이라서 학교를 안 갔다. 개천절이 어떤 날이냐 하면, 우리나라가 처음 세워진 날이다.

쉬는 날인데 공부 좀 하라고 혼이 났다. 안 푼 문제지가 너무 많았다. 엄마가 왜 화를 내셨는지 잘 알고 있다.

그런데 자꾸 눈물이 난다. 엄마, 앞으로는 문제지 안 밀릴게요. 숙제도 빨리할게요.

엄마의 편지

문체를 통일해서 쓰렴!

엄마가 낮에 화를 많이 냈지. 민수가 요즘 계속 게임만 하고 공부를 전혀 안 하니까 속이 타들어 갔어. 그게 오늘 폭발한 거야.
일기에 민수의 반성과 다짐이 있구나. 반성한 대로, 다짐한 대로 앞으로는 잘해 보자.
그런데 있잖아, 하나의 글은 하나의 말투로 쓰는 게 좋아.

   그런데 자꾸 눈물이 난다.
   엄마, 앞으로는 문제지 안 밀릴게요. 숙제도 빨리할게요.

일기의 문체인데, 아래쪽에는 편지의 문체가 나왔어. 엄마에게 정식으로 편지를 쓰는 게 아니라면, 한 가지 문체로 통일하는 게 좋겠지?

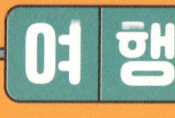

10월 8일 토요일
날씨: 긴팔 옷을 입고 뛰어놀기 좋은 날

제목: 그린 캠핑장

우리 집과 가까운 곳에 그린 캠핑장이 있다. 텐트가 이미 세워져 있어서 냄비, 젓가락, 먹을 것만 챙겨 가면 된다.

오늘 바로 그 캠핑장에 갔다. 아빠는 짐을 풀고 삼겹살을 구우셨다. 지글지글 맛있는 냄새가 솔솔 났다. 입에 침이 고여서 발밑으로 흘러내리려고 했다.

삼겹살에 김치, 상추를 싸서 먹었다. 냠냠 쩝쩝. 고소하고 기름이 뚝뚝 흘렀다. 캠핑 가서 먹는 삼겹살은 왜 이렇게 맛있을까?

밥을 다 먹고 다 함께 길을 걸었다. 나무들이 빽빽했다. 향긋한 풀 냄새가 났다. 아빠가 귀뚜라미를 잡아 주셨다. 갈색 귀뚜라미는 좀 징그러웠다. 찌르르 찌르르 우는 소리가 났다.

엄마의 편지

오감을 잘 표현해 봐!

숲속에 캠핑을 갔더니 여러 가지 즐거운 일이 있었어. 특히 오늘 일기에는 삼겹살이나 숲의 냄새, 고기의 맛, 귀뚜라미 소리 등이 그림처럼 잘 나타나 있어. 그래서 엄마도 그 맛, 냄새, 소리를 다시 떠올릴 수 있었어.

사람에게는 다섯 가지 감각이 있지. 눈으로 보고, 코로 냄새 맡고, 귀로 듣고, 입으로 맛을 보고, 피부로 느끼는 거야. 앞으로도 **다섯 가지 감각으로 뭘 느꼈는지 일기에 써 봐.** 누구보다 생생한 느낌을 표현할 수 있을 거야.

국경일
한글날

10월 9일
월 요일

날씨: 하늘에 파란 물감을 풀어놓은 듯 맑은 날

제목: 한글날

오늘은 한글날이다.

세종대왕님이 우리나라 사람들을 위해 한글을 만들고 발표한 날이라고 한다.

그런데 나는 국어 시간이 어떨 때는 재미있고 어떨 때는 너무 어렵다.

세종대왕님은 왜 한글을 만드셨을까?

엄마의 편지

일기를 쓰면 국어 실력이 향상될 거야!

오늘은 궁금한 것을 직접 찾아보지 않았네. **민수가 직접 찾아서 일기에 쓰면 더 오래 기억에 남을 거야!** 국군의 날 때처럼 말이야. 엄마가 세종대왕은 아니지만 간단히 대답하자면…… 한글을 쓰기 전에 우리나라에서는 한자를 많이 썼거든. 그런데 한자는 중국 글자고 한글보다 더 어려워. 양반들은 공부를 많이 하니까 한자를 쓸 수 있는데 백성들은 일하기 바빠서 배울 수 없었어. 죽을 때까지 책을 못 읽는 거지. 세종대왕은 아무것도 배울 수 없는 백성들을 위해 한글을 만든 거야. 고맙고 훌륭한 일이지.

지금은 한글 배우는 게 힘들더라도, 민수는 곧 잘 쓰고 잘 읽을 수 있을 거야. 이렇게 일기를 열심히 쓰는 것만 봐도 알 수 있지! 그때가 꼭 올 테니까 엄마를 한번 믿어 봐.

10월 특별 상상

| 10월 12일 수요일 | 날씨: 가을바람이 솔솔 불어서 기분 좋은 날 |

제목: 내가 만약 쌍둥이라면?

우리 반에는 쌍둥이인 친구가 있다. 이름은 '박재우'인데 동생은 15분 늦게 태어났고 '박재성'이라고 한다.

어제 재우가 걸어가길래, "재우야!" 하고 불렀는데 나를 쓱 쳐다보고는 그냥 가 버렸다.

오늘 학교에 와서 "어제 왜 날 모르는 척했어?"라고 물었더니 재우는 무슨 말이냐며, 자기는 그런 적이 없다고 했다.

"혹시 내 동생을 본 거 아니야? 나 쌍둥이 동생이 있거든."

"아! 정말? 그럼 그랬나 보네."

박재우처럼 나랑 똑같이 생긴 형이나 동생이 있다면 어떤 기분이 들까?

내가 만약 쌍둥이라면, 늘 붙어 다닐 것 같다. 그리고 장난을 많이 쳐야지. 내가 동생인 척하거나, 동생이 나인 척하거나……. 엄마 아빠, 친구들도 다 속겠지?

우리가 같이 축구를 하면 두 배로 잘할 것 같다. 언제 패스하고 공을 차는지 척하면 알 수 있을 테니까. 우리 둘이 힘을 합치면 축구 선수가 될지도 모른다. 유럽에서 함께 선수로 뛰고 유명해지면 좋겠다.

두 주제를 자연스럽게 연결해 보렴!

오늘 일기는 주제가 아주 재미있네. '내가 만약 쌍둥이라면?' 하고 상상한 내용을 쓰기 전에 재우와 쌍둥이 동생을 헷갈렸던 일이 나왔어. 산만한 글이 될 수도 있었는데, **두 가지 주제가 완전 다른 내용이 아니라서 흐름이 자연스러웠어.** 또 주제 자체가 아주 흥미진진해서 재미있네. 앞으로도 재미있는 상상을 마음껏 해 보렴!

10월 13일
목요일

날씨: 나무들이 기분 좋게 가을 햇볕을 받았던 날

제목: 용돈이 많으면 사고 싶은 것들

내가 너무너무 사고 싶은 로봇 스티커북이 있다. 학교 앞 문방구에서 판다.

5천 원인데 야광이고, 다른 스티커북 하고 다르게 도톰하다. 햇빛에 비춰 보면 반짝반짝 빛이 난다.

그런데 5천 원이라서 쉽게 사지 못한다. 아무리 생각해도 용돈이 2만 원은 되어야 스티커북을 살 수 있을 것 같다.

용돈을 많이 받으면 우선 로봇 스티커북을 사야겠다. 그래도 남으면 뭘 할까? 고무 딱지도 열 개쯤 사야지. 축구공도 새 걸로 사고 싶은데 그건 얼마인지 모르겠다. 튼튼하고 비싼 축구화도 사면 얼마나 좋을까?

풍선도 사야지. 그다음엔 맛있는 걸 다 사 먹을 거다.

젤리, 솜사탕, 핫도그, 햄버거……

매일 먹어도 안 질릴 것이다.

엄마의 편지

일기에 계획을 적어 보렴!

민수가 용돈을 어떻게 쓸지 일기에다 적은 건 처음이지? 아직 혼자 물건을 사는 데 익숙하지 않지만 그래도 이것저것 고민해 본 게 느껴져. **이렇게 일기에다 돈을 어떻게 쓸지 미리 적어 두면, 앞으로 큰돈이 생겼을 때 일기를 들여다보고 딱 내가 원하는 걸 살 수 있을 거야.** 정말 잘했어!

용돈을 어떻게 사용할지 적어 본 것처럼 다른 일에 대해 일기에 미리 계획을 세워 보렴. 그 일이 실제로 닥쳤을 때 참고하면 도움이 될 거야!

여행

소풍

10월 14일
금 요일

날씨: 춥지도 덥지도 않아서 즐겁게 놀았던 날

제목: 소풍 간 날

가을 소풍을 갔다. 버스를 타고 농부 마을로 갔다.

농부 마을에서 다듬잇돌로 빨래를 두드렸다. 떡방아도 쳤다. 아이들이 많아서 내가 할 차례는 너무 늦게 왔다. 그런데 하다 보니 너무 빨리 끝났다. 모두들 열심히 떡을 쳤다. 그래서 맛이 좋았다. 쫀득쫀득하고 따뜻했다.

토끼랑 염소가 많이 있었다. 우리가 풀을 주니까 달려와서 먹었다. 집에 있는 깐돌이 생각이 났다.

김밥이랑 과자를 먹은 후 장기 자랑을 했다. 경철이가 앞에 나가서 노래를 불렀다. 나보고 "너도 나가."라고 했지만 나는 안 한다고 했다. 아이들 앞에서 노래를 부르는 건 너무 부끄러웠다.

엄마의 편지

주제가 많으면 산만한 글이 된단다!

소풍 가는 날 어떤 일이 일어났는지 시간 순서대로 써 주었어. 그런데 너무 많은 글감을 줄줄이 썼는걸? 가장 기억에 남는 일이나 사건을 한두 가지 정도 집중해서 써 주면 더 좋았을 것 같아.

오늘같이 쓸 말이 많다면, 그림이나 만화로 표현해도 좋았을 거야. 그림일기를 볼 때마다 두고두고 오늘 일을 추억할 수 있을 테니까.

특별 상상

10월 18일 화요일
날씨: 햇볕은 따스하고 바람은 서늘했던 날

제목: 1년 내내 가을이라면?

내가 가장 좋아하는 계절은 가을이다.

요즘 가을이라서 매일 기분이 좋다. 덥지도 춥지도 않고 나가서 놀기 딱 괜찮다.

1년 내내 가을이면 얼마나 좋을까? 그러면 오후에는 시간을 딱 정해 놓고 공차기를 해야지.

옷도 가을옷만 입으면 될 테니까 사람들은 옷값을 조금만 쓸 것이다. 또 가을에 많이 나는 과일과 채소들이 늘 시장에 넘쳐나겠지? 추석도 여러 번 있을 테니까 사촌들과 자주 만나서 놀아야지.

엄마의 편지

계절도 훌륭한 글감이야!

민수가 가장 좋아하는 계절에 대해 쓰고, '1년 내내 가을이라면?'이라고 상상해 본 게 기발하네. 훌륭한 글감을 뽑아서 일기를 썼어. 엄마도 가을을 참 좋아해. 그런데 그거 아니? 무더운 여름에 과일이랑 채소, 곡식들이 무르익고 제맛이 든다는 거. 가을에 과일이 맛있는 건 뜨거운 여름 햇볕에 농작물들이 잘 익은 덕분이야. 일 년 내내 서늘한 나라에서는 과일이나 채소가 맛이 없다고 하더라고. 우리나라는 사계절이 뚜렷해서 옷값도 많이 들고 적응하기 힘들 때도 있지만 덕분에 '가장 좋아하는 계절'에 대해 누구나 생각하고 이야기해 볼 수 있지. 이렇게 멋진 일기를 쓸 수도 있고 말이야. **다음에는 다른 계절에 대한 느낌도 일기에 써 보자!**

10월 21일 금요일

날씨: 구름이 가득하고 바람이 슝슝 불었던 날

제목: 운동회

운동회 날이라서 엄마가 김밥을 싸 주셨다. 나는 하늘색 조키를 입고 학교에 갔다. 가장 먼저 체조를 하고 큰 공 굴리기를 했다.

한 명씩 나가서 엄청 큰 공을 떼굴떼굴 굴리는 놀이었다. 우리 백 팀이 이겼다. 너무 신나서 **팔짝팔짝** 뛰었다. 신발 멀리 던지기를 했다. 태우 신발이 가장 멀리 날아갔다. 태우도 **팔짝팔짝** 뛰었다. 태우가 그렇게 좋아하는 건 처음 봤다.

마지막에는 바구니 안에 공을 많이 넣는 게임을 했다. 바구니가 높은 데 있어서 잘 안 들어갔다. 모두 시지 않고 공을 던졌다.

선생님이 공을 다 세고 나서 외치셨다.

"오늘 운동회는, 백 팀 승리!"

"와아아아!" 하늘이 다 뒤집어질 만큼 크게 소리쳤다.

엄마의 편지

퇴고는 일기를 더욱 완벽하게 해줘!

게임하는 재미, 응원하는 재미, 김밥 먹는 재미까지……. 운동회는 정말 신나는 행사야. 오늘 일기의 마지막 부분이 정말 통쾌해. 선생님의 외침, 그리고 백 팀 친구들의 환호성이 여기까지 들리는 것 같아. '하늘이 다 뒤집어질 만큼 크게 소리쳤다.'라는 표현이 특히 좋았어. 민수의 마음이 확 와닿네.

그런데 오늘은 틀린 표현들이 눈에 띄는걸?

　조키 → 조끼
　놀이었다. → 놀이였다.
　시지 않고 → 쉬지 않고

다 쓴 후에는 잘못 쓴 단어나 어색한 표현이 없는지 잘 살펴보렴. 글을 다시 한번 찬찬히 읽어보며 고치고 다듬는 걸 '퇴고'라고 해. 퇴고를 하면 더 완성도 있는 글, 흠잡을 데 없는 글을 쓸 수 있어.

10월 23일 일요일
날씨: 풀도 꽃도 나무도 기분 좋은 가을바람에 춤추던 날

제목: 나 혼자 학교에 간다면?

아침에 일어나서 세수를 하고 가방을 들여다보았다. 엄마가 아침밥을 안 차리셔서 옷을 먼저 챙겨 입었다.

"엄마, 학교 가야 되는데 밥은요?"

그러자 엄마는 "오늘은 일요일이잖아."라고 말씀하셨다.

아차, 나는 오늘이 월요일인 줄 알았다. 혼자 학교에 갈 뻔했다.

만일 오늘 나 혼자 학교에 갔으면 어떻게 됐을까?

'왜 나 혼자 온 거지? 뭔가 이상한 일이 일어났나?'

걱정하면서 친구들이나 선생님이 오시길 기다렸을 것 같다.

그러면 너무 불안하고 외로웠을 것이다.

텅 빈 학교에 나 혼자 있으면 얼마나 무서울까? 아무리 환한 낮이라도 으스스하겠지?

오늘이 일요일인 걸 학교 가기 전에 알아서 정말 다행이다.

엄마의 편지

기분을 실감나게 표현하는 단어로 글을 써 보자!

일요일인데 월요일인 줄 알고 혼자 학교에 가면 정말 황당하겠구나. 민수의 일기를 보니까 약간 섬뜩하네. 오늘 일기는 실제로 충분히 일어날 수 있는 일을 상상해서 쓴 거라서 더 와닿는 것 같아. 그리고 무서운 기분을 '으스스하다'라는 말로 잘 표현했어! 그냥 무섭다고 쓸 때보다 잘 와닿아. 이렇게 느낌을 좀 더 실감 나게 표현하는 단어들이 많이 있어. 글을 쓸 때 잘 활용해 보렴.

띵하다: 울리듯 아프고 정신이 흐릿한 느낌.
→ 감기에 걸려서 코가 맹맹하고 머리가 **띵했다**.

붕: 공중에 들리는 느낌.
→ 축구공이 하늘로 **붕** 날아서 골문으로 들어갔다.

찡: 감동을 받아 가슴 따위가 뻐근해지는 느낌.
→ 누나가 준 생일 선물을 받고 마음이 **찡**했다.

얼떨떨하다: 뜻밖의 일로 당황하여 매우 정신이 없다.
→ 글짓기 대회에서 상을 받아서 **얼떨떨한** 기분이다.

조마조마하다: 마음이 불안하다.
→ 숙제를 깜박해서 **조마조마했다**.

특별 노래

10월 25일
화 요일

날씨: 조금 추워서 조끼를 입은 날

제목: 독도는 우리 땅

학교에 다녀왔더니 엄마가 이상한 노래를 부르고 계셨다.

"민수야, 이 노래가 뭔 줄 알아?"

"몰라요."

"〈독도는 우리 땅〉이라는 노래야. 오늘이 독도의 날이니까 한번 불러 보자."

그래서 노래 영상을 찾아봤다.

"어? 엄마 어렸을 때랑 가사가 좀 다르네. 이거 일기에 써 볼래?"

엄마랑 노래를 따라 불렀다.

독도는 우리 땅

울릉도 동남쪽 뱃길 따라 87케이

외로운 섬 하나 새들의 고향

그 누가 아무리 자기네 땅이라고 우겨도

독도는 우리 땅(우리 땅)

노래가 너무 길어서 1절만 썼다.

그런데 "독도는 우리 땅" 이 부분을 자꾸 부르게 된다.

자기네 땅이라고 우기는 건 일본이라고 한다. 우기면 안 되지. 다시는 억지 쓰지 못하도록 이 노래를 계속 불러야겠다.

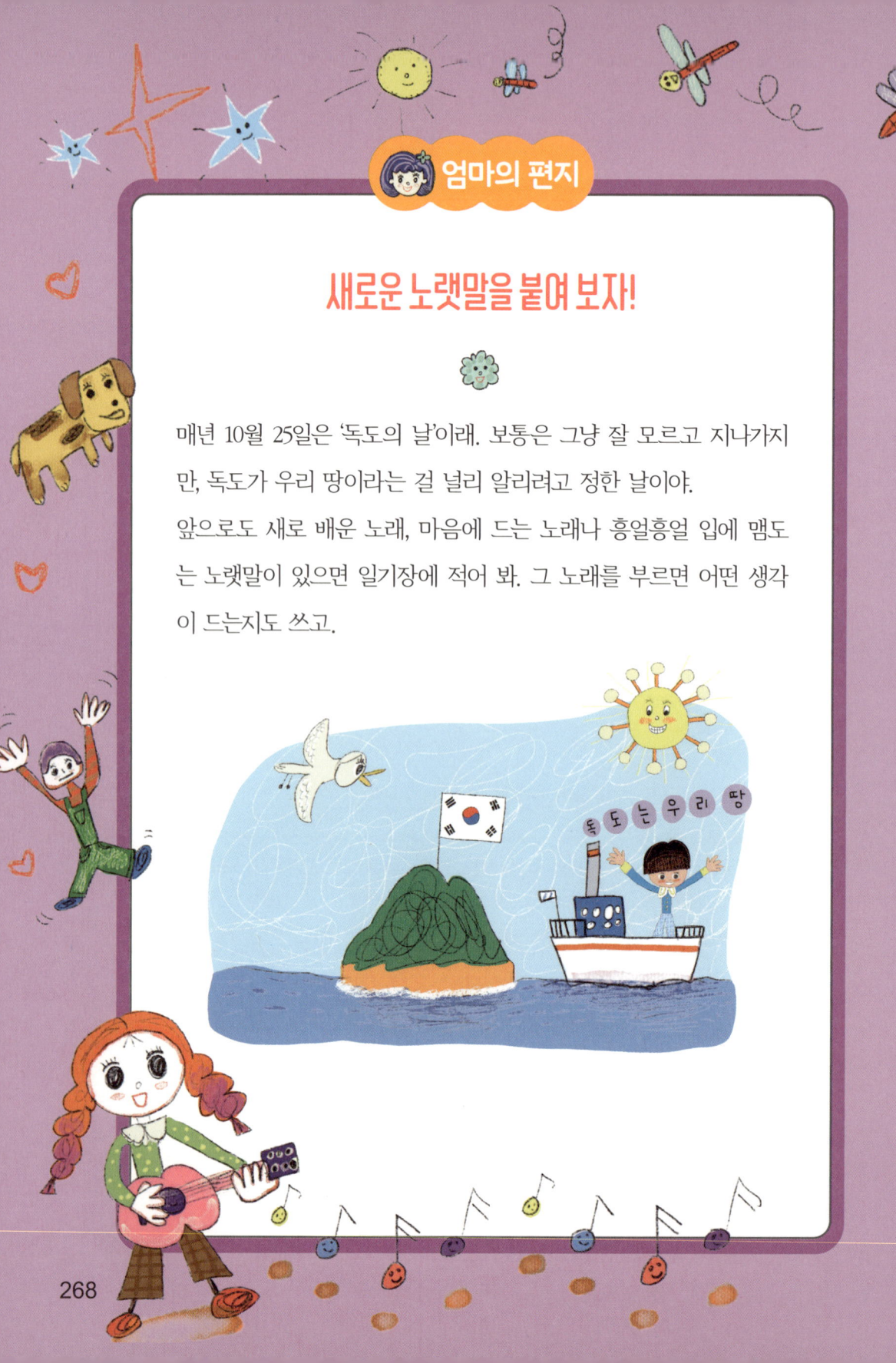

엄마의 편지

새로운 노랫말을 붙여 보자!

매년 10월 25일은 '독도의 날'이래. 보통은 그냥 잘 모르고 지나가지만, 독도가 우리 땅이라는 걸 널리 알리려고 정한 날이야.

앞으로도 새로 배운 노래, 마음에 드는 노래나 흥얼흥얼 입에 맴도는 노랫말이 있으면 일기장에 적어 봐. 그 노래를 부르면 어떤 생각이 드는지도 쓰고.

울릉도 동남쪽 뱃길 따라 87케이

외로운 섬 하나 새들의 고향

그 누가 아무리 자기네 땅이라고 우겨도

독도는 우리 땅(우리 땅)

독도는 우리 땅 모두 모두 아는데

일본이 우기면 안 되겠지요

우리 땅 우리가 아끼고 사랑해

독도는 우리 땅(우리 땅)

어때? 엄마가 노랫말을 새로 만들어 보았어.
민수도 자꾸 따라 부르는 노래가 있으면 새로운 노랫말을 만들어 봐.
신나는 놀이가 되고, 멋진 '노랫말 일기'가 될 거야.

> **나만의 꿀팁**

날씨를 표현하는 다양한 방법

　우리나라는 사계절이 있어요. 그래서 봄, 여름, 가을, 겨울 날씨를 다양하게 쓸 수 있어요. 보통 일기에 날씨를 '맑음', '흐림', '비', '눈' 등으로 짧게 적는데요. 날씨에 나만의 느낌을 넣어서 쓰면 더 재미있고 생동감 넘치게 표현할 수 있어요.

맑음: 구름 한 조각도 없이 하늘이 맑고 파란 날
비: 옷 속까지 축축해질 만큼 빗방울이 쏟아진 날

　어때요? 그날의 날씨가 바로 느껴지지요?
　날씨를 재미있게 쓰는 방법은 여러 가지지만 그 가운데 두 가지를 알려 줄게요.

사물을 감정이 있는 사람으로 만들기

'벚꽃잎이 쌩쌩 바람을 타고 멀리 여행 가는 날'
'눈사람이 눈을 솔솔 맞고도 방긋 웃은 날'

벚꽃이 여행을 가고, 눈사람이 웃었다고 썼어요. 둘 다 사람은 아니지만 마치 사람인 양 표현했어요. 사물을 보고 글쓴이가 어떤 상상을 했는지 잘 느껴져요. 글쓴이의 주변이 어떤 느낌이었는지도 확 다가와요.

〈사물을 사람처럼 나타낸 날씨 표현〉

따뜻한 봄이 "내가 왔어"라고 살랑살랑 손짓한 날
흰 구름이 파란 하늘 위에 두둥실 나들이 가는 날
매미가 신나서 맴맴 쉴 새 없이 울었던 날
해님이 화가 나서 열을 마구 내뿜은 날
빗방울이 땅바닥을 타닥타닥 아프게 때린 날
바람이 내 옷을 벗기려고 세게 불었던 날

다른 것에 빗대어 표현하기

'쌩쌩 부는 바람에 내 몸이 갈대처럼 흔들린 날'
'고드름처럼 손발이 꽁꽁 언 날'

내 몸을 갈대에, 손발을 고드름에 비유해서 적었어요. 몸이 갈대처럼 흔들렸다면 얼마나 바람이 강했을까요? 손발이 고드름처럼 얼었다면 얼마나 추웠을까요? 이렇게 빗대어 적으면 느낌이 훨씬 더 직접적으로 다가와요.

앞으로 일기에 날씨를 적을 때는 위의 두 가지 방법을 써 보세요.

〈다른 것에 빗댄 날씨 표현〉

봄 햇살이 창문에 폭포처럼 쏟아졌던 날
색종이처럼 예쁜 노랑 분홍 꽃들이 피었던 날
아프리카 찜질방보다 더 절절 끓었던 날
가을바람에 낙엽이 빗물처럼 우수수 쏟아졌던 날
찬바람이 바늘인 듯 따끔따끔 얼굴을 찔렀던 날
얼음 왕국처럼 모든 게 꽁꽁 얼었던 날

11월의 일기

생활

11월 1일
화 요일

날씨: 으슬으슬 찬바람에 소름이 돋았던 날

제목: 밖에서 그리기

오늘은 교실 밖으로 나와서 그림을 그렸다.

어떤 애들은 벤치에 앉고, 어떤 애들은 풀밭에 앉았다.

나도 나무 아래에 앉아서 그림을 그렸다.

처음에는 미끄럼틀을 그리다가 망쳤다. 다시 뭘 그릴까 생각하는데 나비가 날아다니는 게 보였다. 그래서 나비를 그렸다. 그런데 나비가 너무 빨리 날아서 잘 그릴 수가 없었다. 세호한테 나비 그리는 법을 가르쳐 달라고 했더니 하나를 그려 주었다.

"어디서 배웠어?"라고 물었더니 배운 적이 없다고 했다.

"나비 그리는 걸 안 배웠는데 어떻게 그려?"라고 다시 물으니

세호가 "너 축구 하는 거 안 배웠는데 잘하잖아?" 그랬다.

그러네. 참 신기하다.

엄마의 편지

읽는 사람의 공감을 불러일으키는 글은?

민수와 세호가 나눈 대화가 아주 재미있네. 안 배웠는데도 나비를 잘 그리는 사람이 있는가 하면, 안 배웠어도 축구를 잘하는 사람도 있지. 각자 잘하는 게 다 다른 거야.

세호와 나눈 **대화를 잘 기억했다가 일기에 적으니까, 엄마도 그 자리에 같이 있는 듯이 생생하게 느껴져.** 세호의 말에 충분히 공감이 되고 말이야. 이런 글이 훌륭한 글이야.

특별
상상

11월 3일
목요일

날씨: 너무 흐림

제목: 깐돌이가 말을 할 수 있다면?

내가 깐돌이를 쓰다듬으면 깐돌이는 "야옹야옹"하면서 운다. 누워 있거나 게임을 하고 있을 때도 내 주위를 맴돌면서 운다. 도대체 무슨 말을 하고 싶은 걸까?

만일 깐돌이가 사람처럼 말할 수 있다면?

틀림없이 "밥 달라, 간식 달라"라는 말을 가장 많이 할 것이다. 밥 먹을 때만 되면 울면서 엄마랑 누나, 나한테 차례로 달려오니까. 깐돌이는 아귀처럼 먹는 걸 좋아한다. 특히 간식은 아무리 줘도 만족할 줄 모른다.

그다음으로는 "그만 좀 만져!"라는 말을 많이 하지 않을까? 나랑 누나가 자꾸 쓰다듬으면 홱 뿌리치고 한바탕 몸을 털고 가 버린다. 그럴 때면 꼭 새침데기 같다.

마지막으로 "나랑 놀아 줘!"라는 말을 많이 할 것 같다. 깐돌이가 "야옹야옹"할 때 쥐돌이 낚싯대로 놀아 주면 폴짝

폴짝 뛰면서 좋아하니까.

아무튼 깐돌이는 이것저것 해 달라고 보채겠지. 차라리 사람처럼 말을 못 하는 게 다행일지도 모르겠다.

새로 알게 된 단어를 적절하게 응용해 보렴!

오늘 일기에는 어려운 단어를 두 개나 썼구나. '아귀'는 '염치없이 먹을 것을 탐하는 사람'을, '새침데기'는 '쌀쌀맞게 시치미를 떼는 사람'을 가리키는 말이지. 어제 엄마와 아빠가 이야기 나누는 걸 유심히 듣더니 이렇게 일기에 응용했네! 어린이가 알기 힘든 단어인데, 아주 적절한 곳에 썼어. 다음번에는 '문외한', '무릅쓰다' 같은 단어도 뜻을 찾아서 써 보렴!

11월

생활

| 11월 4일 금요일 | 날씨: 조금 쌀쌀해서 모두가 긴 팔, 긴 바지를 입은 날 |

제목: 받아쓰기한 날

받아쓰기를 했는데 80점을 맞았다.

나는 지금까지 90점을 딱 한 번 맞았는데 100점은 한 번도 못 맞았다.

80점은 오늘까지 세 번쯤 맞았다. 아니, 네 번이었나?

기억이 잘 안 난다.

80점이라서 나쁘지 않지만, 너무 아깝게 한 문제를 틀렸다.

'봄이 아닌데 봄인 듯'을 '봄이 아닌데 범인 듯'이라고 썼다.

똑같은 글자인데 앞에는 맞았고 뒤에는 틀렸다.

90점이 될 수 있었는데……

나는 언제쯤 100점을 맞을 수 있을까? 100점 맞은 시험지를 엄마 아빠께 보여 드리고 싶다.

엄마의 편지

'시험'은 참 좋은 소재야!

받아쓰기 할 때는 평소에 잘 아는 단어도 헷갈리고 생각이 안 나는 것 같아. 시험이니까 가슴도 콩닥콩닥 뛰고……. 그런데 오늘 정말 아깝게 틀려서 민수가 속상했겠다.

100점짜리 시험지를 보여 주고 싶다는 말에 어쩐지 가슴이 뭉클해. 민수야, 너무 서두를 것 없어. 시간이 흐르다 보면 자연스럽게 한글을 잘 쓸 수 있을 거야. 너무 속상해하지 말고 담담하게 여유를 가지면 돼.

시험에 대해서는 일기에 쓸 말이 넘쳐나지? **시험을 잘 본 날도, 못 본 날도 모두 글감으로써 훌륭해. 잘 봐서 기쁜 감정, 못 봐서 속상한 감정, 어떻게 공부해서 잘 보게 되었는지, 무엇을 틀렸는지, 앞으로는 어떻게 공부해야 할지 등 쓸 이야기가 무척 많지.** 너무 속상해하지 말고 시험 본 것에 대해 솔직하게 쓰렴. 그것만으로도 멋진 일기니까.

생활

11월 8일 화요일

날씨: 길거리의 낙엽이 바람을 맞고 사락사락 떨어지는 날

제목: 벌 받은 날

미술 시간에 준비물을 하나도 안 가져왔다.

선생님은 지난번에도 안 가져왔는데 오늘도 안 가져왔다고 야단을 치셨다.

나는 준비물 이야기를 잘 까먹는다. 선생님은 이번이 세 번째라며 화를 내셨다.

"3분 동안 교실 뒤쪽에 서 있어."라고 하셔서 나는 교실 뒤로 갔다.

하지만 태우는 세 번째로 안 가져왔는데 두 번째라고 거짓말을 했다. 그래서 벌을 안 받았다.

선생님은 내가 준비물 안 가져온 것만 기억하고 태우는 잊어버렸다. 똑같이 잘못했는데 오늘은 나만 벌을 받았다.

너무 억울하다.

281

문장을 정확하게 써 보자!

아, 오늘 그런 일이 있었구나. 많이 속상했겠네. 똑같이 세 번 실수했는데 민수만 벌을 받았으니까 억울한 마음이 들었겠지.

태우가 세 번째로 준비물을 안 가져왔다고 선생님께 이를 수도 있었는데 그러지 않은 거야? 친구가 거짓말을 했다고 이르기도 좀 그랬겠다.

그럴 때는 선생님께 말을 해도 괜찮고, 안 해도 괜찮아. 말을 하면 어쨌든 진실을 말한 거니까 괜찮고, 말을 안 하면 친구의 거짓말을 감싸 준 거니까 그것도 괜찮아.

민수는 오늘 억울한 대신 친구의 거짓말을 눈감아 주었구나.

　　선생님은 내가 준비물 안 가져온 것만 기억하고 태우는 잊어버렸다.

이 문장은 정확하지 않아.
'태우는 잊어버렸다.'라는 부분은 태우 자체를 잊어버렸다는 건지, 태우가 준비물을 가져오지 않은 걸 잊어버렸다는 건지 정확하지 않거든. 앞 문장을 보고 유추할 수는 있겠지만 처음부터 정확히 쓰는

연습을 하는 게 좋겠지? 또 높임말도 사용하지 않았어.

　선생님께서는 내가 준비물 안 가져온 것만 기억하고 태우가 안 갖고 왔던 건 잊어버리셨다.

이렇게 쓰는 게 좀 더 정확하겠지? 앞으로는 높임말과 정확한 표현을 생각하면서 문장을 쓰면 좋겠어.

생활

11월 11일
금요일

날씨: 하늘이 무척 높고 맑았던 날

제목: 화장실

오늘 학교를 마치고 집에 오는데 나는 갑자기 배가 살살 아팠다.

금방이라도 쌀 것 같아서 마음이 급해지고 걸음은 점점 빨라졌다. 집까지는 한참을 가야 해서 땀방울이 얼굴에 솟아났다.

'아까까지도 괜찮았는데! 갑자기 왜 이러지?'

나는 길을 가다가 우리 동네 슈퍼마켓을 보았다.

'저기 가서 화장실 좀 쓰고 싶다고 부탁할까?'

나는 그러기에는 좀 부끄러웠다.

결국 집까지 뛰어왔는데 나중에는 허리를 잘 펼 수가 없었다.

겨우 문을 열고 화장실로 뛰어 들어갔다. 너무 시원하게 볼일을 보았다. 집이 조금만 더 멀었어도 오늘 큰일 날 뻔했다.

엄마의 편지

일기에 자주 쓸 필요 없는 단어는?

갑자기 화장실이 가고 싶은 건 누구나 겪는 곤란하고 당황스러운 상황이지. 그래서인지 글을 읽으면서 민수의 심정이 어땠는지 너무나 잘 전해졌어.

그런데 오늘 일기에는 '나는'과 '오늘'이란 표현이 너무 자주 나오는구나.

일기는 '내가' '오늘' 있었던 일을 쓰는 글이기 때문에 이런 표현은 굳이 필요하지 않아. 오히려 적게 쓸수록 더 나은 일기가 될 거야.

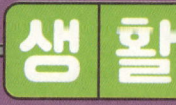

생활

11월 17일
목 요일

날씨: 추워서 모자랑 장갑을 끼고 싶었던 날

제목: 우유 당번이 된 날

이번 주에는 나랑 경철이가 우유 당번이다. 그래서 기분이 갑자기 날아갈 듯했다. 경철이랑 우유 상자를 함께 들었다. 우유 당번은 엘리베이터를 탈 수 있어서 좋았다. 진짜 무겁기는 했다.

우리가 가져온 우유를 아이들이 맛있게 마셨다. 선생님은 이런 걸 '봉사'라고 한다고 하셨다. 친구들을 위해 봉사를 해서 기쁘다.

 엄마의 편지

문장의 흐름을 생각해 보렴!

오늘 일기에는 어쩐지 자연스럽지 않은 문장이 있어.

 그래서 기분이 갑자기 날아갈 듯했다. 경철이랑 우유 상자를 함께 들었다. 우유 당번은 엘리베이터를 탈 수 있어서 좋았다. 진짜 무겁기는 했다.

우유 상자를 들 수 있어서 기분이 좋다고 오해할 수 있거든. 문장의 순서를 조금 바꿔 주면 민수의 의도가 더 잘 전달될 거야.

 그래서 기분이 갑자기 날아갈 듯했다. 우유 당번은 엘리베이터를 탈 수 있기 때문이다.
 경철이랑 우유 상자를 함께 들었다. 진짜 무겁기는 했다.

어때, 글이 더 자연스럽지? 기분이 날아갈 듯했다면 그 이유를 바로 적어주는 게 좋아. 글을 쓸 때 앞 문장과 이어지는 내용을 쓰고, 문단을 나눠서 다음 내용을 쓰는 거야. 그러면 누구나 글의 내용을 잘 이해할 수 있단다.

생활

| 11월 19일 토요일 | 날씨: 하나도 안 춥고 밖에서 놀기 딱 좋았던 날 |

제목: 배드민턴

아침밥을 먹고 아빠가 배드민턴을 치자고 했다. 나는 바람처럼 밖으로 달려갔다.

아빠, 엄마, 누나, 나 모두 번갈아 가며 배드민턴을 쳤다.

바람이 좀 불었지만 그래도 재미있었다.

나랑 아빠가 치고 그다음에 엄마랑 누나가 쳤다. 엄마가 이번에는 누나랑 나랑 쳐 보라고 하셨다.

나랑 누나는 누가 먼저 10점을 내나 내기를 했다. 누나는 운동을 잘 못 해서 내가 슬슬 봐주면서 했다. 그런데도 내가 이겼다.

"아싸! 이겼지롱!"

아빠랑 엄마는 둘

다 잘했다고 했다.

점심시간이 되어서 중국집에 가서 짜장면을 먹었다. 아이스크림도 사 주셨다.

진짜 즐거웠다. 기분이 배드민턴공처럼 하늘을 훨훨 날아갈 듯했다.

 엄마의 편지

자기만의 표현으로 느낌을 드러내 보자!

민수가 그렇게 배드민턴을 좋아하고 잘 치는지 엄마는 몰랐어. 민수가 활짝 웃으니까 엄마 기분도 정말 좋았지.

오늘 일기 중에서 '배드민턴공처럼 하늘을 훨훨 날아갈 듯했다.'라는 표현이 아주 훌륭하네. 단순히 '신났다, 즐거웠다'라고 하는 것보다 훨씬 좋아. **자기만의 표현으로 느낌을 구체적이고, 직접적으로 드러낸 멋진 문장이야. 칭찬해.** (그런데 '배드민턴공'이 아니라 '셔틀콕'이라고 불러야 해.)

생활

11월 21일
월 요일

날씨: 겨울 추위가 점점 다가오는 게 느껴지는 날

제목: 우리 반 장난꾸러기

오늘 '장난꾸러기'라는 말을 배웠다. 장난이 심한 친구를 장난꾸러기라고 한다.

그 말을 듣자마자 김남현이 떠올랐다. 아마 나 말고 다른 애들도 다 남현이를 생각했을 거다.

남현이는 쉬는 시간만 되면 가만히 앉아 있지 않는다. 꼭 여기저기 돌아다닌다. 저번에는 태우 필통을 들고 달아났다. 그러다 필통을 떨어트려서 연필이 다 쏟아졌다. 남현이는 싸움을 잘해서 아무도 뭐라고 할 수 없다.

나는 김남현이 축구할 때나 놀 때 큰 소리로 우기지 말았으면 좋겠다. 그래도 남현이랑 놀면 재미있다. 웃긴 말을 잘하고, 더 신나게 노는 방법을 금방금방 생각해 내기 때문이다.

 엄마의 편지

친구에 대한 일기를 써 보자!

민수네 반 최고의 장난꾸러기는 남현인가 봐.
가장 장난꾸러기인 친구에 대해 적었으니, 다음에는 다른 친구들에 대해서도 써 보면 어때?
반에서 가장 착한 친구는? 가장 조용한 친구는? 가장 말을 잘하는 친구는? 가장 친해지고 싶은 친구는?
매일 만나는 반 아이들이라 일기에 적을 내용은 얼마든지 있을 거야. 반에는 다양한 성격을 가진 친구들이 있으니까 말이야.
'친구들을 동물에 비유한다면?'
이런 주제도 재미있겠다! 친구들의 특징과 행동 방식을 깊이 생각해 볼 수 있을 거야.

특별 삼행시

11월 22일
화 요일

날씨: 은행나무가 낙엽 옷을 벗고 찬바람에 떨었던 날

제목: 삼행시 일기

요즘 우리 반에는 삼행시 짓기, 사행시 짓기가 유행이다.

그래서 오늘 있었던 일을 삼행시로 적어 봐야겠다.

오후에는 도서관에서 책을 빌려 왔고, 오는 길에 붕어빵 파는 아저씨가 있어서 붕어빵을 사 먹었다.

도: 도서관에 가니까 새 책이 많이 나와 있었다.

서: 서서 몇 권 읽었더니 다리가 아팠다. 배가 고파서 '꼬르륵' 소리가 났다.

관: 관 모양의 길쭉한 과자를 사 먹고 싶다고 생각하며 책을 빌려 나오는데,

붕: 붕어빵을 파는 곳이 보였다. 이번 겨울에 처음 보았다.

어: 어서 먹고 싶은 마음에 쪼르르 달려갔다.

빵: 빵은 두 개 천 원이었다. 두 개를 금방 다 먹었는데, 뜨겁고 구수했다.

새로운 일기는 언제나 환영!

'삼행시 일기'라니, 진짜 기발하고 재치 있네! 민수는 다양한 방식의 일기를 많이 쓰는데 오늘은 특히나 독창적이었어. 삼행시를 이용해서 일기를 쓴 것도 대단한데, 삼행시의 문장 흐름도 딱딱 맞는 느낌이야. 사행시 일기, 오행시 일기…… 앞으로 더 다채로운 일기를 기대할게.

생활

11월 23일
수요일

날씨: 코에 느껴지는 공기가 맑고 차가운 날

제목: 승필이의 생일 선물

쉬는 시간에 경철이, 승필이, 태우랑 이야기를 했다. '생일이 언제인가?'에 대해 이야기를 나누는데, 승필이가 말했다.

"사실 내일이 내 생일이야."

처음에는 농담인 줄 알았다. 승필이는 진짜라고 그랬다.

우리는 "생일 축하한다."라고 말했다. 승필이는 "응, 고마워."라고 대답했다.

생각해 보니까 지난번, 내 생일 때 승필이가 빵을 사 줬다.

그동안 까맣게 잊고 있었다.

내일 승필이한테 선물을 사 줘야겠다. 뭘 주면 좋아할까?

색연필이나 지우개를 줄까? 아니면 뽑기를 두 번 하게 해 줄까? 알사탕이나 초콜릿도 괜찮을 것 같은데.

한참을 생각하다가 '비눗방울 빨대'를 사 주기로 했다. 얼마 전에 소영이가 비눗방울을 불고 있었는데, 승필이가 자

기도 해 보고 싶다고 졸랐기 때문이다.

승필이가 내일 선물을 받고 기뻐하면 좋겠다.

고민을 일기에 써 봐!

오늘 일기에는 민수의 고민이 생생하게 담겨 있어. **좋은 방법을 고민할 때 일기를 쓰는 건 아주 훌륭한 자세야.** 이것저것 생각하다 보면 자연스럽게 가장 좋은 방법이 떠오르거든. 또 글로 적으면서 **여러 가지를 한눈에 비교할 수 있어서 마음속으로 고민하는 것보다 더 나은 해결 방법을 찾을 수 있지.**

일기를 쓰며 고민한 끝에 승필이에게 '비눗방울 빨대'를 선물하기로 했구나. 많이 고민한 만큼 멋진 선물이 될 거야.

특별 편지

| 11월 25일 | 겉옷을 두 벌 입어 |
| 금 요일 | 날씨: 찬바람을 막아 낸 날 |

제목: 편지 일기

안녕하세요. 저는 민수예요.

오늘 할머니, 할아버지랑 통화를 했어요.

엄마가 전화를 바꿔 주셔서 목소리를 들었더니 여름에 있었던 일들이 막 떠올랐어요.

시골집에 놀러 가서 바다도 보고 낚시도 하고 진짜 즐거웠어요.

수박이랑 참외도 엄청 맛있게 먹었어요.

할머니, 허리는 좀 괜찮으세요?

다음에도 놀러 가서 허리 주물러 드리고 싶어요.

그때까지 아프지 마세요. 보고 싶어요.

할머니, 할아버지! 사랑해요.

노민수 올림

 엄마의 편지

편지 형식을 다시 점검해 보자!

오늘은 '편지 일기'를 썼네.
두 분께 첫인사, 끝인사도 잘했고 안부도 공손하게 물어보았어.
다만, 다음에는 맨 처음에 '할아버지, 할머니께'라고 편지를 받는 사람을 적어 주렴.
여름에 시골에 놀러 갔을 때 무슨 일이 있었는지 다 기억하고 있었네. 민수가 편지를 이렇게 잘 쓸 줄 몰랐어. 이 일기 그대로 편지를 써서 시골에 보내면 되겠는데? 틀림없이 할머니, 할아버지 두 분 모두 기뻐하실 거야!

나만의 꿀팁

일기에 덧붙이면 좋은 재료들

일기에 매일 글만 쓰면 지루할 수 있어요. 그럴 땐 글과 어울리는 여러 가지 다양한 재료를 일기장에 붙이는 것도 좋아요. 두꺼운 물건은 붙일 수 없지만, 종이처럼 얇은 것은 가위로 오려서 풀, 테이프로 금방 붙일 수 있어요. 일기에 사용하면 좋은 재료에는 어떤 것들이 있을까요?

그리기 도구

일기에 그림이 들어가면 보다 많은 정보를 담을 수 있어요. 그날 있었던 사건 한 장면을 그려도 좋고요. 내 기분을 그림으로 나타내도 좋아요. 웃음 짓는 얼굴, 눈물 흘리는 얼굴, 힘없이 누운 내 모습 등등……. 연필로 그려도 되지만 색연필, 사인펜, 형광펜 등 다양한 그리기 도구를 쓰면 더 다채로워져요. 색을 통해 내 기분을 더 잘 표현할 수도 있어요.

스티커

여러분들은 스티커를 좋아하지요? 좋아하는 스티커 중에서 일기에 붙이고 싶은 게 있다면 붙여 보세요. 여러 개를 붙여도 좋아요. 날씨 스티커, 내 기분을 나타내는 스티커 등 내용과 어울리는 스티커를 붙여 꾸미다 보면 일기가 더욱 재미있어질 거예요.

사진

잡지나 신문 등을 보면 사진이 많아요. 그 가운데 어떤 사진을 보고 '아, 오늘은 이걸로 일기를 써야겠어!'라는 느낌이 올 때가 있어요.

사진을 가위로 오려서 일기에 풀로 붙여 보세요. 책에 있는 사진을 오리면 안 되냐고요? 오랫동안 소중하게 보관할 책의 사진을 오려 내는 건 좋지 않아요. 나중에 그 사진이 없어서 후회할 수도 있거든요. 오래 두고 읽는 책보다는 잡지, 신문, 카탈로그, 안내서같이, 길게 보관하지 않아도 되는 곳에 실린 사진을 쓰세요.

그 외 인쇄된 종이들

어떤 장소에 가면 인쇄된 종이들을 얻을 때가 있어요. 영화 보러 가서 받은 극장표, 여행 가면서 탔던 기차표, 유명한 여행지에 놀러 갔다가 집어 온 안내서(팸플릿) 등등. 이 종이들도 일기장에 붙이기 딱 좋은 재료들이에요. 집으로 가지고 오세요.

사진이나 그림 등을 오려서 붙여 만든 작품을 '콜라주(collage)'라고 해요. 다양한 재료를 오려 붙이다 보면 나의 일기를 미술 작품처럼 근사하게 꾸밀 수 있어요.

12월의 일기

12월

생활

| 12월 1일 목요일 | 날씨: 아침저녁으 손바닥을 비벼야 할 만큼 추운 날 |

제목: 이모랑 이모부

이모랑 이모부가 놀러 오셨다. 그래서 다 함께 점심을 먹으러 불고깃집에 갔다.

불고기를 먹는데 이모가 "민수는 깐돌이가 좋아?"라고 물어보셨다. 나는 당연히 좋다고 대답했다.

그런데 누나는 "이제 좀 좋아지려고 해요."라고 말했다.

누나는 학교 다녀오면 제일 먼저 깐돌이한테 가서 한참을 쓰다듬어 준다. 그런데 그렇게 말하다니. 이상하다. 저번에는 깐돌이랑 침대에서 같이 자겠다고 해 엄마한테 야단도 맞았으면서……. 또 자꾸 간식을 주려고 해서 가족들이 모두 그만 주라고 하는데. 누나는 왜 깐돌이를 좋아한다고 말하지 못하는 걸까?

# 엄마의 편지

제목에 맞는 내용을 써 보자!

오늘은 이모와 이모부가 와서 점심도 먹고 저녁때쯤 집으로 갔지. 깐돌이 이야기도 하고 용돈도 주었어. 또 다 함께 텔레비전도 봤는데, 중간에 민영이 이야기가 많이 들어가 있구나.

제목이 '이모랑 이모부'니까 이 두 사람에 대한 이야기가 조금 더 나오면 좋았을 것 같아. 두 분과 무엇을 함께 했는지, 민수는 어떤 느낌을 받았는지……. **어떤 글이든 제목에 나온 주제를 주로 다루는 게 맞거든.**

앞으로는 제목대로 일기의 내용이 펼쳐지면 좋겠어.

생활

12월 5일
월요일

날씨: 드디어 갈색 코트를 꺼내 입은 날

제목: 깐돌이가 잘못했다

학교에 다녀왔더니 현관 쪽 벽이 너덜너덜했는데 깐돌이가 발톱으로 막 찢어 놓은 것이었다.

앞으로도 계속 이럴까?

엄마도 화를 내시고 누나도 짜증을 냈다. 나는 깐돌이를 한 대 쥐어박고 싶었다.

깐돌이는 지난번에 내 손을 물고 도망갔다. 그 자국이 아직도 남아 있다.

오늘은 아무도 깐돌이를 쓰다듬어 주지 않았다. 깐돌이가 다가가니까 누나는 확 밀쳤다.

깐돌이는 눈치를 보다가 자기 방석으로 가서 앉았다.

깐돌이는 자기가 잘못했다는 걸 알고 있을까?

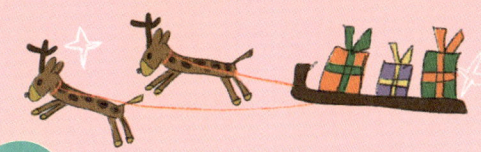

 엄마의 편지

문장을 적절한 길이로 써 보자!

깐돌이가 현관 벽지를 마구 찢어 놔서 놀랐지? 그래도 깐돌이를 때리지는 말자. 작고 연약한 생명이니까.

그런데 일기의 첫 문장이 너무 기네. 이 문장을 두 개로 나눠 볼까?

> 학교에 다녀왔더니 현관 쪽 벽이 너덜너덜했다. 깐돌이가 발톱으로 막 찢어 놓은 것이었다.

만일 세 개로 나누면 어떻게 될까?

> 학교에 다녀왔다. 현관 쪽 벽이 너덜너덜했다. 깐돌이가 발톱으로 막 찢어 놓은 것이었다.

어떤 게 가장 자연스럽니? 엄마가 보기에는 각각 장점이 있는 것 같아. 두 개로 나눈 쪽은 흐름이 자연스러워. 세 개로 나눈 쪽은 쉽고 빠르게 읽히고. 민수도 더 마음에 드는 쪽으로 문장을 고쳐 보렴.

12월

생활

12월 7일
수요일

날씨: 꾸물꾸물 회색 구름이 하늘을 막고 있었던 날

제목: 결혼기념일

엄마는 오늘이 아빠랑 결혼한 날이라고 하셨다. 그런데 결혼기념일은 무엇을 하는 날인지 잘 모르겠다. 케이크를 먹는 것도 아니고 선물을 사는 것 같지도 않다.

오늘도 그냥 똑같이 하루가 지나갔는데, 아빠가 퇴근하면서 꽃다발을 사 오셨다.

"어, 이게 뭐예요?"

"오늘 우리 결혼기념일이잖아."

아빠가 말씀하셨다.

엄마는 활짝 웃으셨다. 그리고 좀 쑥스럽다고 하셨다.

'왜 쑥스러운 거지?'

알 수는 없었지만 뭔가 축하해야 할 것 같아서 박수를 쳤다.

누나도 "축하합니다!"라고 했다.

 엄마의 편지

나만의 기념일을 만들어 보자!

12월 7일은 12년 전에 엄마와 아빠가 결혼한 날이야. 그래서 엄마와 아빠가 서로를 축하하는 날이라고 할 수 있어.

엄마는 사실 좀 귀찮아서 그냥 넘어가려고 했거든. 그런데 아빠가 꽃을 사 오셨네. 기쁘기도 했지만 좀 미안하기도 해서 쑥스러웠어.

결혼기념일은 모두에게 큰 행사는 아니야. 하지만 민수가 일기에 남겨 놓으니까 나중에 읽고 '엄마, 아빠의 결혼기념일에 이런 일이 있었구나.'라고 생각할 수 있을 거야.

민수도 민수만의 특별한 기념일을 정하면 어떨까? 처음으로 줄넘기 100번을 끊김 없이 한 날, 소중한 사람에게 편지를 쓰는 날, 누군가를 도와주고 고맙다는 말을 꼭 듣고 싶은 날 등……. **의미 있는 날을 스스로 만들어 가는 거지.** '나만의 기념일'에는 일기 쓸 내용이 넘쳐 날 거야.

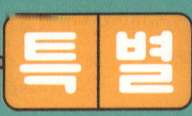

특별 상상

12월 15일 목요일
날씨: 장갑을 껴도 손이 시렸던 날

제목: 하루가 48시간이라면?

하루가 24시간인 게 참 신기하다. 지금이 저녁 8시 32분인데, 24시간이 지나면 또 같은 시간이 된다.

밤에 잠을 8시간쯤 자니까 내가 깨어 있는 시간은 16시간 정도? 16시간 안에 밥 먹고, 씻고, 학교 가고, 공부하고, 놀고, 집으로 와서 태권도 학원에 가고……. 할 일이 너무 많다.

만일 하루가 48시간이라면 어떨까?

우선 지금 하는 일들을 다 하고도 24시간이 더 남겠지.

24시간 동안 내가 하고 싶은 일만 할 수 있으면 좋겠다. 그러면 축구를 더 오래 하고 싶다. 한 4시간 정도는 친구들과 공을 차야지.

게임할 시간도 더 늘어나겠지? 지금은 하루에 한두 시간 하는데, 6시간은 더 하고 싶다. 엄마 아빠도 말리지 않으시겠지. 하루가 아주 기니까!

남은 14시간은 책도 보고, 만화 영화도 보고, 유튜브도 봐야지. 낮잠도 실컷 자야겠다.

참, 수영 학원을 다닐 수도 있겠다. 매일 수영장에 가서 놀면 진짜 행복할 거다.

나만의 주제는 글을 재미있게 만들어!

'하루가 48시간이 된다면?' 주제가 참신하니까 글도 흥미진진하다! **좋은 글은 '나만의 주제'를 정하는 데서 시작돼.** 우리 민수의 머릿속에는 반짝이는 아이디어가 정말 가득하네.

민수가 하고 싶은 게 참 많은데 하루가 짧았구나. 하루가 길면 좋아하는 일들을 잔뜩 할 수 있어서 더 행복해질 거라는 생각이 들어. 민수의 기분 좋은 상상을 읽고 엄마는 입가에 저절로 미소가 지어지네.

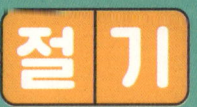

절기: 동지

12월 22일 목요일

날씨: 손발이 꽁꽁 얼어서 아이스크림이 될 정도로 추운 날

제목: 팥죽을 먹은 날

너무 추워서 마구 뛰어서 집으로 왔다.

엄마가 "오늘이 동지라서 이렇게 추운가 봐."라고 말씀하셨다.

"동지가 뭔데요?"

"1년 중에 밤이 가장 길고 낮이 가장 짧은 날이지. 동지에는 팥죽을 먹어야 해."

엄마는 팥죽의 빨간색이 귀신을 물리친다고 하셨다.

저녁에 팥죽을 먹었다. 그런데 너무 뜨거워서 입이랑 혀가 아팠다.

달콤하고 고소해 맛은 있었지만 나는 호박죽이 더 좋다.

호박죽은 안 빨개서 동지에는 못 먹나 보다.

단맛을 나타내는 표현은?

엄마랑 주고받은 이야기를 잘 기억했다가 일기에 적었구나. 그러니까 더 생동감이 넘치네. 엄마 말투랑 민수 말투도 단번에 알 수 있고 말이야. 여러 번 말했지만 **다른 사람과 나눈 대화를 일기에 적으면 읽는 사람도 그때 그곳에 함께 있는 것처럼 느껴져.**

특히 이번 일기에는 팥죽 맛을 잘 표현했구나. '달큼하다'는 표현은 감칠맛이 있어 달다는 표현이야. 팥죽의 맛을 표현할 때 적절한 표현이지. 새로운 맛 표현을 많이 알아 두고 활용하니 좋네. **단맛을 표현하는 다른 표현에는 '달곰하다', '달짝지근하다', '감미롭다'도 있으니 더 활용해 보렴.**

사실 엄마도 팥죽보다 호박죽을 더 좋아해. 이번 겨울에 꼭 한번 호박죽을 끓여 먹자!

12월 특별 상상

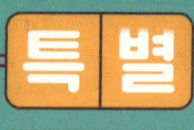

12월 24일 토요일
날씨: 눈이 조금 내리다 솜사탕처럼 사르르 녹은 날

제목: 크리스마스 전날

오늘은 크리스마스 전날이다. 나는 아빠한테 물었다.

"아빠, 내일 산타 할아버지께서 오실까요?"

"그럼! 민수랑 민영이 방에 선물 놔 두실 거야. 민수가 1년 동안 착한 일을 많이 했지?"

음, 만일 내가 산타 할아버지라면 나에게 선물을 줄까?

아마 꼭 줄 것 같다. 가끔 누나나 친구랑 다투거나 공부를 안 하거나 게으름을 피우지만 나는 착하니까.

그런데 갖고 싶은 게 너무 많아서 뭘 선물해야 할지 헷갈릴 거다. 스마트폰, 게임기, 만화책……. 그냥 다 선물해 줘야지.

내가 산타 할아버지라면, 우리 반에 '문방구'를 선물해 줄 거다. 무엇이든 다 가져갈 수 있는데 돈은 안 받는 그런 문방구. 그러면 애들이 준비물을 안 가져오는 일도 없겠지. 매일 다른 장난감을 가지고 마음껏 놀 수도 있고!

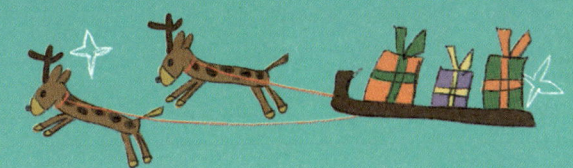

엄마 아빠는 무엇을 가장 바라실까? 돈을 아무리 꺼내도 자꾸자꾸 채워지는 지갑이 좋겠다.

누나는 책 읽는 걸 좋아하니까 매일 새로운 책으로 바뀌는 책꽂이를 선물해야지.

나랑 친한 사람들에게 마음껏 선물을 준다고 생각하니까 가슴이 설렌다. 산타 할아버지는 참 좋겠다.

 엄마의 편지

동화 일기도 쓸 수 있어!

상상력이 굉장해서 이대로 끝내기는 좀 아까운걸? 다음에는 민수가 산타 할아버지가 되어서 사람들에게 선물을 나누어 주는 짧은 동화를 한 편 써 보면 어떨까? 아주 멋진 '동화 일기'가 될 거야.

12월 생활

12월 25일	날씨: 춥지만 기분이 날아갈 것 같아서 하나도 안 추운 날
일 요일	

제목: 용용 마법사 가방

아침에 일어났더니 침대 옆에 가방이 있었다. 바로 용용 마법사 가방이었다!

"와, 용용이다!"

가방 안에는 용용 마법사 필통도 들어 있었다. 나는 침대 위에서 방방 뛰었다.

내가 가방을 메고 나왔더니 엄마가 "이야~. 잘 어울리네. 선물이 마음에 드니?"라고 물어보셨다.

"네! 진짜 진짜 좋아요."

누나는 커다란 곰 인형을 선물로 받았다.

나는 하루 종일 가방을 메고 집 안을 걸었다. 내 옆에 두고 계속 쓰다듬었다. 누나도 곰 인형을 꼭 안고 있었다.

산타 할아버지 덕분에 행복한 크리스마스였다.

 엄마의 편지

기분을 구체적으로 표현해 보자!

선물을 받은 기쁨이 일기에 고스란히 녹아 있어. 덕분에 엄마 마음도 참 뿌듯해.

그런데 민수가 왜 용용 가방을 선물 받았는지 안 나와 있네. 일기에 써 주면 더 좋았을 거야.

엄마랑 백화점에 함께 갔을 때 민수가 그 가방을 처음 보았지? 가방을 한참이나 쓰다듬었어. 만화책 속에서 용용 마법사가 늘 메고 다니는 가방이라면서……

아까 민수가 이런 말을 하기도 했지. "나, 용용 마법사가 된 기분이야!" 이런 내용을 일기에 적어 주렴. 그러면 "진짜 진짜 좋다."라고만 적을 때보다 민수가 용용 마법사 가방을 얼마나 좋아하는지 더 확실하게 느껴질 거야.

생활

12월 27일
화 요일

날씨: 차가운 바람이 콧구멍 속을 간질인 날

제목: 안 쓰는 물건을 판 날

엄마랑 대청소를 했다. 가족들이 안 쓰는 물건들을 한곳에 모았다.

"멀쩡한 게 많아서 버리기는 좀 아까운데. 맞아, 중고 거래를 해야겠어."

엄마는 스마트폰의 '중고 거래 앱'을 열었다. 쓸 만한 물건들을 싼값에 올리셨다.

'진짜 팔릴까?' 의심스러웠다.

놀랍게도 미니 오븐이랑 어깨 안마기가 금방 팔렸다. 안마기는 오늘 바로 만나서 거래하자는 연락이 왔다.

약속 시간이 되었다. 나는 엄마를 따라가 보았다. 아파트 정문 앞에 서 있는데 어떤 형이 다가와서 말을 걸었다.

"저, 안마기 사러 왔는데요."

그 형은 안마기를 들고 몇 번 살펴보더니 만 원을 엄마께

드렸다.

엄마는 만 원으로 채소와 과자를 사셨다. 안 쓰는 물건으로 돈을 버니까 어쩐지 공짜 돈이 생긴 느낌이었다. 과자도 유달리 맛있었다.

엄마의 편지

첫 경험에 대한 감정을 드러내 보렴!

엄마는 가끔 중고 거래를 해. 오늘처럼 수월하게 물건을 팔고 돈을 벌면 기분이 참 좋아. 그런데 물건을 사겠다는 사람이 없거나, 값을 크게 깎아 달라는 일도 있어. 언짢은 일이 가끔 있지만 민수에게 나쁜 경험은 아니겠다 싶어서 함께 나갔지.

오늘 처음 겪은 일인데, 어땠니? 민수의 느낌을 좀 더 자세히 알고 싶은걸. **뭐든 처음 경험하는 일에는 그때만 느낄 수 있는 특별한 감정이 있거든. 그런 감정을 더 많이 표현하면 좋겠어.**

특별 식사

12월 29일
목요일

날씨: 비나 눈이 올 것처럼 회색빛 구름이 가득한 날

제목: 오늘 저녁밥

저녁때 엄마가 불고기를 해 주셨다. 돼지고기랑 버섯이 들어 있었다. 국은 된장국이었다. 엄마표 된장국은 구수하고 뜨겁고 맛있다.

나는 밥을 두 공기나 먹었다.

그런데 오늘은 일기 쓸 게 진짜 없다.

 엄마의 편지

그날의 식사도 일기의 소재야!

오늘은 특별한 일이 없었나 봐. 사실은 별일 없는 날이 더 많지. 그럴 땐 오늘 일기처럼 식사한 내용을 적는 '식사 일기'를 쓰는 것도 좋은 방법이야. 아침, 점심, 저녁 무엇이든 다 좋아.

오늘 저녁때 먹은 걸 떠올려 보자. 버섯 불고기와 된장국 말고도 반찬이 더 있었지? 달걀찜, 시금치나물, 김치도 있었어. 상 위에 올라온 음식을 다 적은 후 **어떤 재료가 들어갔는지, 무엇을 싫어하고 좋아하는지 적어 보는 거야. 먹으면서 어떤 느낌이 들었는지 세세히 적는 것도 좋고.** 자세히 관찰하고 느낌을 차근차근 쓰다 보면 표현력이 늘고 글 내용도 더 풍부해질 거야.

12월 특별 / 올해의 상

12월 31일 토요일
날씨: 흰 눈이 온 세상을 다 덮어서 어쩐지 따뜻해 보였던 날

제목: 올해의 시상식

오늘은 올해의 마지막 날이다.

TV에서 배우, 가수들에게 상을 주는 시상식을 하고 있다.

그래서 나도 '올해의 시상식'을 해 보고 싶다.

올해 가장 즐거웠던 곳 상: 할아버지 할머니 댁

올해 가장 기억에 남는 일 상: 깐돌이와 첫 만남

올해 가장 재미있었던 일 상: 운동회

올해 가장 기뻤던 선물 상: 용용 마법사 가방

올해 최고의 친구 상: 경철, 승필, 태우(공동 수상)

올해 최고의 장난꾸러기 상: 김남현

올해 가장 훌륭한 일을 한 사람 상: 일기를 꾸준히 쓴 나, 노민수

올해의 감사상: 엄마

나는 수학 숙제는 빼먹기도 했지만 일기는 매일 쓰려고 애썼다. 부끄럽고 말하기 싫어도 솔직하게 쓰려고 노력했다.
내 모습이 고스란히 담긴 일기장은 소중한 보물이 되었다.
엄마께 꼭 말씀드리고 싶은 게 있다.
"엄마, 늘 일기에 편지를 정성껏 써 주셔서 감사해요!"

 엄마의 편지

이 일기장은 노민수가 주인공인 멋진 책이야!

드디어 1년의 마지막 일기로구나. 일기장 한 권을 무사히 써냈어.
엄마는 민수가 1년 동안 꾸준히 일기를 써 온 게 진심으로 장하다.
이런 끈기와 인내심이 있다면 이 세상에 못 이룰 게 없을 거야.
글 쓰는 능력도 쑥쑥 자라났어. 다음 해에는 더 훌륭한 이야기가 펼쳐지겠지?
내일 엄마랑 새 일기장을 사러 가자. 민수야, 정말 축하해!

나만의 꿀팁

좀 더 재미있게 일기 쓰는 법

지금까지 일기를 쓰는 여러 가지 방법들을 알아봤어요.

남들이 보기에 좋은 일기, 잘 쓴 일기는 물론 훌륭하지요. 그런데 누구보다도 나 자신의 마음이 가장 중요해요. 일기를 쓰는 게 재미있고 즐거워야 꾸준히 쓸 수 있어요.

이 세상에는 여러 가지 형식의 글이 있어요. 그런 글들을 흉내 내어 일기를 쓰다 보면 일기 쓰는 시간이 더욱 즐거울 거예요.

상장

학교에서 상을 받고 싶은 적이 있었지요? 그런데 내가 나에게 상을 줄 수도 있어요. 무언가 훌륭하고 멋진 일을 해낸 날에는 상장 일기를 써 보세요. 상장의 형식대로 일기를 쓰고 스스로 칭찬해 보세요. 뿌듯하고 재미있을 거예요.

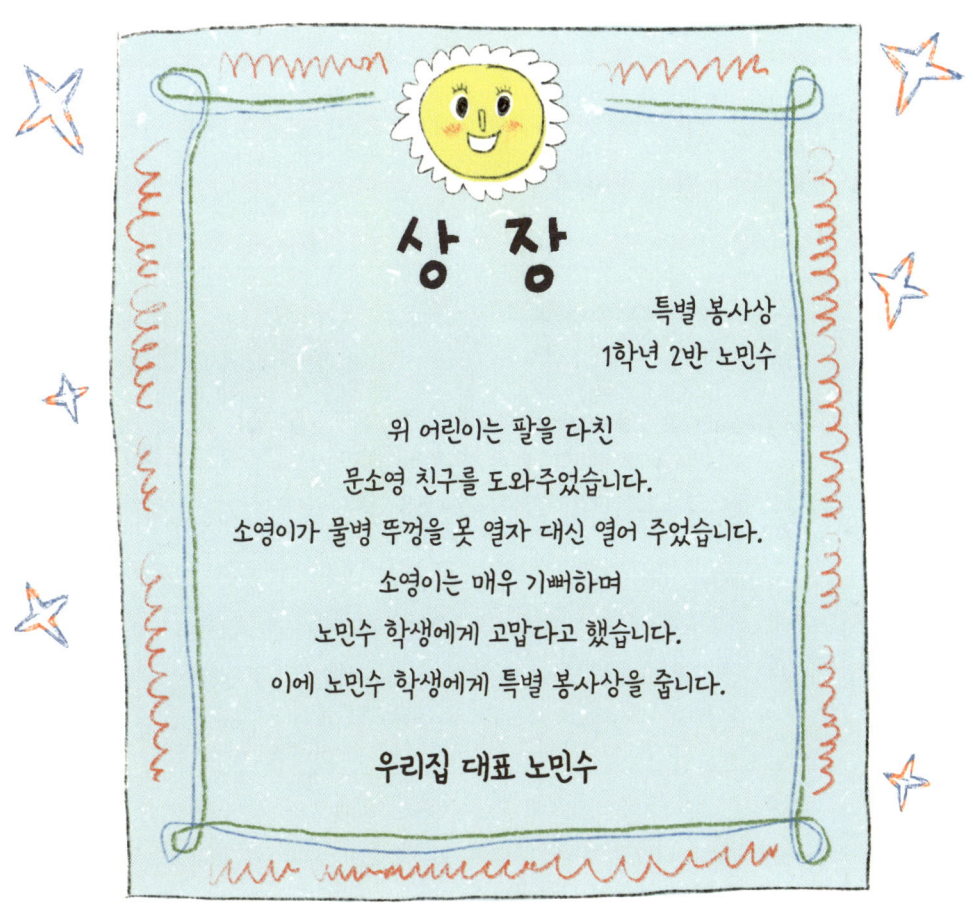

신문 기사

신문이나 인터넷을 보면 기자들이 쓴 기사가 있어요. '기자처럼 글을 차근차근 조리 있게 잘 쓰고 싶다', '나도 신문 기사를 써 보고 싶다'라고 생각해 본 적 있나요? 신문 기사처럼 일기를 써 보세요.

기자들은 정확한 기사를 쓰기 위해 직접 발로 뛰며 사람들을 만나요. 내가 쓰고 싶은 기사가 친구나 가족에 대한 내용이라면 인터뷰를 해 보세요. 글이 훨씬 풍부해질 거예요.

만화

만화를 좋아하는 어린이라면 만화를 자기 손으로 그려 보고 싶을 거예요. 일기를 2~4장면의 만화로 그려 낼 수 있어요. 내 모습과 행동을 네모 칸에 그린 후 말풍선도 넣어 보세요. 누가 봐도 만화처럼 보일 거예요.

색다른 날씨 표현

맑음

햇빛이 아주 따뜻해서 마음도 밝았던 날
해님이 열심히 일해서 따뜻했던 날
해님이 방실방실 웃는 날
기분이 살랑살랑 좋아질 만큼 따뜻했던 날
나뭇잎들이 햇빛을 받아서 반짝반짝 빛난 날
내 기분만큼 맑고 환한 날
하늘이 바닷물처럼 파랗고 맑은 날
나뭇잎들이 햇볕에 반짝반짝 빛났던 날
가만히 있는 것도 뛰는 것도 다 좋은 날
흰 구름이 푸른 하늘 곳곳에 누워 있던 날
모래와 돌멩이가 햇빛을 받고 반짝이던 날
뜨거운 햇볕에 이불 빨래가 금방 말라서 가벼워진 날

바람

꽃향기가 따뜻한 바람에 묻어서 집 안으로 날아온 날
반팔을 입었더니 시원한 바람이 느껴진 날
따뜻한 바람이 귓가를 간질이던 날
바람이 솔솔 불고 햇살이 따가운 날
나뭇잎이 더운 바람에 춤춘 날
더워도 조금은 시원한 바람이 불었던 날
조금 시원한 바람이 운동장 모래를 살살 건드린 날
시원한 바람이 이마의 땀을 씻겨 준 날
선선한 바람이 불어서 가을이 왔다는 느낌이 든 날

덥지만, 선선한 바람이 불어서 많이 괴롭지는 않았던 날
시원한 바람이 꽃과 나무들을 흔들었던 날
베란다까지 바람이 불어서 난초 잎이 흔들린 날
가을바람이 솔솔 불어서 기분 좋은 날
햇볕은 따스하고 바람은 서늘했던 날

눈

눈이 펑펑 내린 날
나뭇가지에 눈이 딱딱하게 얼어 있던 날
눈이 조금 내리다 솜사탕처럼 사르르 녹은 날
흰 눈이 온 세상을 다 덮어서 어쩐지 따뜻해 보였던 날

더위

슬슬 더운 느낌이 들었던 날
축구를 하면 땀이 날 만큼 더웠던 날
더워서 도복을 벗고 태권도를 하고 싶은 날
따가운 햇볕에 얼굴이 빨갛게 달아오른 날
가만히 있어도 땀이 퐁퐁, 더운 날
뜨거운 목욕탕 안처럼 더운 날
머리가 아플 정도로 더웠던 날
땅에서 김이 풀풀 올라올 만큼 뜨거운 날
찜통처럼 숨 막혀서 에어컨을 찾아다닌 날
햇빛이 빗방울처럼 피부 속에 스며들었던 날

이글이글 해님이 불타오른 날
햇볕이 너무 세서 구름이 다 도망간 날
그늘을 찾아다니게 되는 더운 날
해님이 더운 바람을 귓가에 훅훅 불었던 날
끈적끈적 습기가 가득해서 선풍기를 내내 틀었던 날

흐림

하늘이 잔뜩 찌푸려서 어두운 날
미세 먼지가 심해서 숨 쉬기가 갑갑했던 날
해님이랑 구름이 둥실둥실 떠 있었던 날
잔뜩 흐렸던 날
흐리고 찜통처럼 무더워서 땀이 줄줄 나는 날
회색 구름이 잔뜩 몰려와서 흐린 날
먹구름이 잔뜩 몰려왔지만 비는 안 온 날
꾸물꾸물 회색 구름이 하늘을 막고 있었던 날
비나 눈이 올 것처럼 회색빛 구름이 가득한 날

비

비가 촉촉하게 내린 날
하늘이 비를 내릴까 말까 고민을 많이 해서 흐렸던 날
우산이 촉촉하게 젖도록 비가 온 날
빗방울이 운동장에 그림을 그린 날
비가 땅을 다다다 때리는 것처럼 잔뜩 내린 날

비가 오다가 "이제 그만!" 하고 멈춘 날
맑다가 어두워지더니 소나기가 쫙쫙 내린 날

추움

겉옷을 두 벌 입어서 찬바람을 막아 낸 날
은행나무가 낙엽 옷을 벗고 찬바람에 떨었던 날
코에 느껴지는 공기가 맑고 차가운 날
아침저녁은 손바닥을 비빌 만큼 추운 날
드디어 갈색 코트를 꺼내 입은 날
장갑을 껴도 손이 시렸던 날
귀가 "아야!" 할 만큼 찬바람이 마구 분 날
하늘이 하얗고 차가워 보였던 날
패딩 사이로 들어오는 바람이 앗! 차가운 날
조끼를 입으면 덥고 벗으면 추운 날
손발이 꽁꽁 얼어서 아이스크림이 될 정도로 추운 날
춥지만 기분이 날아갈 것 같아서 하나도 안 추운 날

작가의 말

　오늘 하루를 어떻게 보냈나요? 이런 질문에 선뜻 대답하기는 힘들지요. 아침에 눈을 뜨고, 밥을 먹고, 놀고, 공부하고, 웃고, 떠들고……. 수많은 일들이 머릿속에 스쳐 지나가니까요. 며칠이 더 지나면 어떻게 될까요? 오늘 있었던 일들은 머릿속에서 눈 녹듯이 사라져 버릴 거예요. 전혀 기억나지 않는 하루, 아무 의미 없는 하루가 되어 버릴지도 몰라요.

　하지만 일기를 쓰면 모든 게 달라져요. 흘러가 버리는 하루가 글로 영원히 남거든요. 일기를 읽으면 그날 있었던 일, 생각과 느낌이 환하게 되살아나요. 일기는 바로 내가 주인공인 책이에요. 누구의 눈치를 볼 필요도 없어요. 솔직하고 즐겁게만 쓰면 충분해요.

　이 책의 주인공 민수는 평범한 어린이예요. 민수의 하루는

여러분들과 크게 다르지 않아요. 특별히 뛰어난 점도 없어요. 그런데도 민수의 일기를 읽다 보면 민수의 생활이나 마음이 생생하게 느껴지지요. 민수가 우울할 때는 '나도 그랬지.' 라며 공감하게 되고, 민수가 기쁠 때면 내가 겪은 일인 것처럼 기분이 좋아져요. 민수의 일기를 읽다 보면 민수가 자라고 있다는 걸 알 수 있어요. 하루를 짧은 글로 정리하는 게 점점 자연스러워져요. 매일 일기를 쓰니까 글솜씨가 훌륭해질 수밖에 없어요.

저는 어렸을 때 '일기 쓰기'라는 숙제가 참 싫었어요. 일주일 내내 게으름을 피우다가 일기 검사 전날이 되면, 책상 앞에 앉아서 머리를 쥐어뜯었어요. 며칠 전에 있었던 일들이 하나도 기억나지 않았어요. 일기를 매일 쓴다는 건 정말 힘든 일이었지요. 일기 쓰는 습관은 몸에 쉽게 배지 않았어요.

  하지만 이제 어른이 된 저는 거의 매일 일기를 쓸 수 있게 되었습니다. 올해는 일기를 세 가지나 쓰고 있어요. 3년 동안 있었던 일을 두툼한 한 권의 일기장에 메모하는 3년 일기, 그날의 기분을 간단한 그림으로 표현하는 그림일기, 1주일에 한 번 정도 색다른 질문에 답을 쓰는 질문 일기. 처음에는 쓰기 어려웠지만, 꾸준히 일기를 쓰는 습관이 글을 편하게 쓸 수 있게 해 주었어요.

  일기 쓰기의 장점은 일기를 쓰고 난 뒤 뿌듯함과 충만함을 느낄 수 있다는 거예요. '오늘 하루를 아무 의미 없이 보내지는 않았구나.', '시간이 많이 흐른 뒤 오늘 쓴 일기를 들여다봐야지. 그러면 얼마나 새롭고 즐거울까?'…… 이건 누구도 빼앗아

갈 수 없는 자신만의 보람이에요.

　우리를 오랫동안 기쁘고 행복하게 하는 건 큰돈이 들지 않고, 스스로 쌓아 올렸으며, 하루하루 성장함을 느끼게 해 주는 것입니다. 일기를 꾸준히 쓰면 누구나 이 기쁨을 느낄 수 있어요. 더 많은 어린이들이 일기를 매일 쓰면서 작은 행복을 쌓아 나가면 좋겠습니다.

박은정